集中力 やる気 学力 がアップする

頭のよい子が育つ 家のしかけ

石田勝紀

’atsunori Ishida

日本文芸社

はじめに

「頭のよい子」「かしこい子」という言葉を聞いて、どのようなイメージをされるでしょうか。

テストで高い点数を取る子、成績がよい子、偏差値が高い子、集中力が抜群の子、有名中高に通っている子など、勉強にまつわるイメージが多いのではないでしょうか。たしかにそのようなイメージの子も「頭がよい、かしこい」といえるかもしれませんが、私は異なった視点をもっています。

それは**「その子の特性、性格、タイプにあった能力や適性を発揮できている状態の子」です**。端的にいえば、「その子らしさ」が出ている状態と考えています。

私は人には誰にでも固有の能力や才能があると思っています。それが発揮されて伸びていくと、いわゆる「頭がよい」「かしこい」状態になります。なぜならその道を追求し、極まっていくからです。偏差値のように誰かと比べて高いか低いかではありません。単にその子のもっている〝らしさ〟が発揮されればいいのです。すると、その子に気持ちのゆとりができ、自己肯定感が上がり、やらなければならないことも自主的に行動するようになります。結果として、いわゆる「勉強」もするようになっていき、学力は上がっていくのです。これが原理です。

しかし、学力を上げるために「勉強させること」から出発すると、原理から外れているため、子どもは抵抗し、逆転現象が起こることが少なくありません。その結果、親が何度もいったり、やらせたりすることで、日々疲弊していきます。日々の慌ただしい生活の中で、「じゃあ、どうすればいいの？」と思いますよね。

もちろん、声かけやしくみをつくることで、その子らしさを発揮できるようになる方法もありますが、それよりももっとシンプルにできる方法があります。それが、家庭内のレイアウトを変えるということです。ただし、**親の都合で変えるのではなく、子どもの特性、性格、タイプに合わせたレイアウト、しかけをつくっていくことです。**

本書では、6人の方の家庭内の様子もご紹介しています。実際にどのように工夫されているか事例をみるとイメージがわくでしょう。

ぜひ本書を使って、自分のお子さんに合った間取り、レイアウト、しくみをつくってみてください。子どものあまりの変わりように驚くと思います。

石田勝紀

プロローグの読み方・見方

プロローグでは、6名の方の家庭内の様子を紹介しています。

プライバシーを考え、全員匿名で紹介していますが、家の間取りや家のなかで工夫している点を惜しみなく、提供してくださっています。

なかなかほかのおうちを見せていただく機会も多くないでしょう。

ぜひ、我が家に取り入れられることは参考にして、子どもが自分から勉強をしたくなる環境づくりを意識してみてください。

プロフィール

住居のタイプ：戸建て or マンション
子ども：性別（年齢）
主な学習場所について：リビング or 子ども部屋など

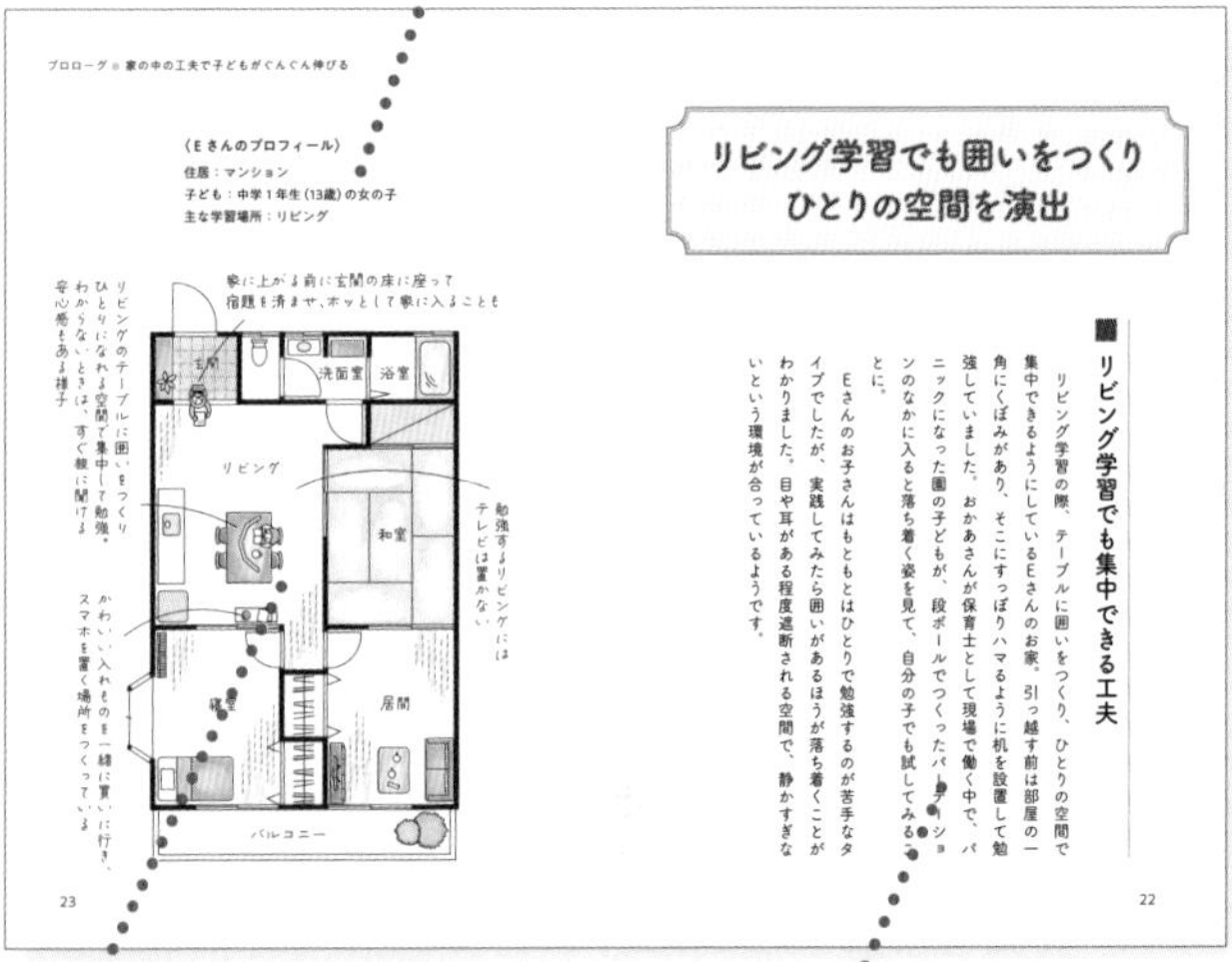

プロローグ ◎ 家の中の工夫で子どもがぐんぐん伸びる

リビング学習でも囲いをつくり
ひとりの空間を演出

■ リビング学習でも集中できる工夫

リビング学習の際、テーブルに囲いをつくり、ひとりの空間で集中できるようにしているEさんのお家。引っ越す前は部屋の一角にくぼみがあり、そこにすっぽりハマるように机を設置して勉強していました。おかあさんが保育士として現場で働く中で、パニックになった園の子どもが、段ボールでつくったパーテーションのなかに入ると落ち着く姿を見て、自分の子でも試してみることに。

Eさんのお子さんはもともとはひとりで勉強するのが苦手なタイプでしたが、実践してみたら囲いがあるほうが落ち着くことがわかりました。目や耳がある程度遮断される空間で、静かすぎないという環境が合っているようです。

22

〈Eさんのプロフィール〉
住居：マンション
子ども：中学1年生（13歳）の女の子
主な学習場所：リビング

家に上がる前に玄関の床に座って宿題を済ませ、ホッとして家に入ることも
玄関
洗面室
浴室
リビング
和室
寝室
居間
バルコニー
リビングのテーブルに囲いをつくりひとりになれる空間で集中して勉強。わからないときは、すぐ親に聞ける安心感もある様子
勉強するリビングにはテレビは置かない
かわいい入れものを一緒に買いに行き、スマホを置く場所をつくっている

23

間取り

本書のために間取りを提供いただき、イラストで再現

アンケート結果から

本書のためにアンケートを実施。実際に家のなかで工夫しているポイントを紹介

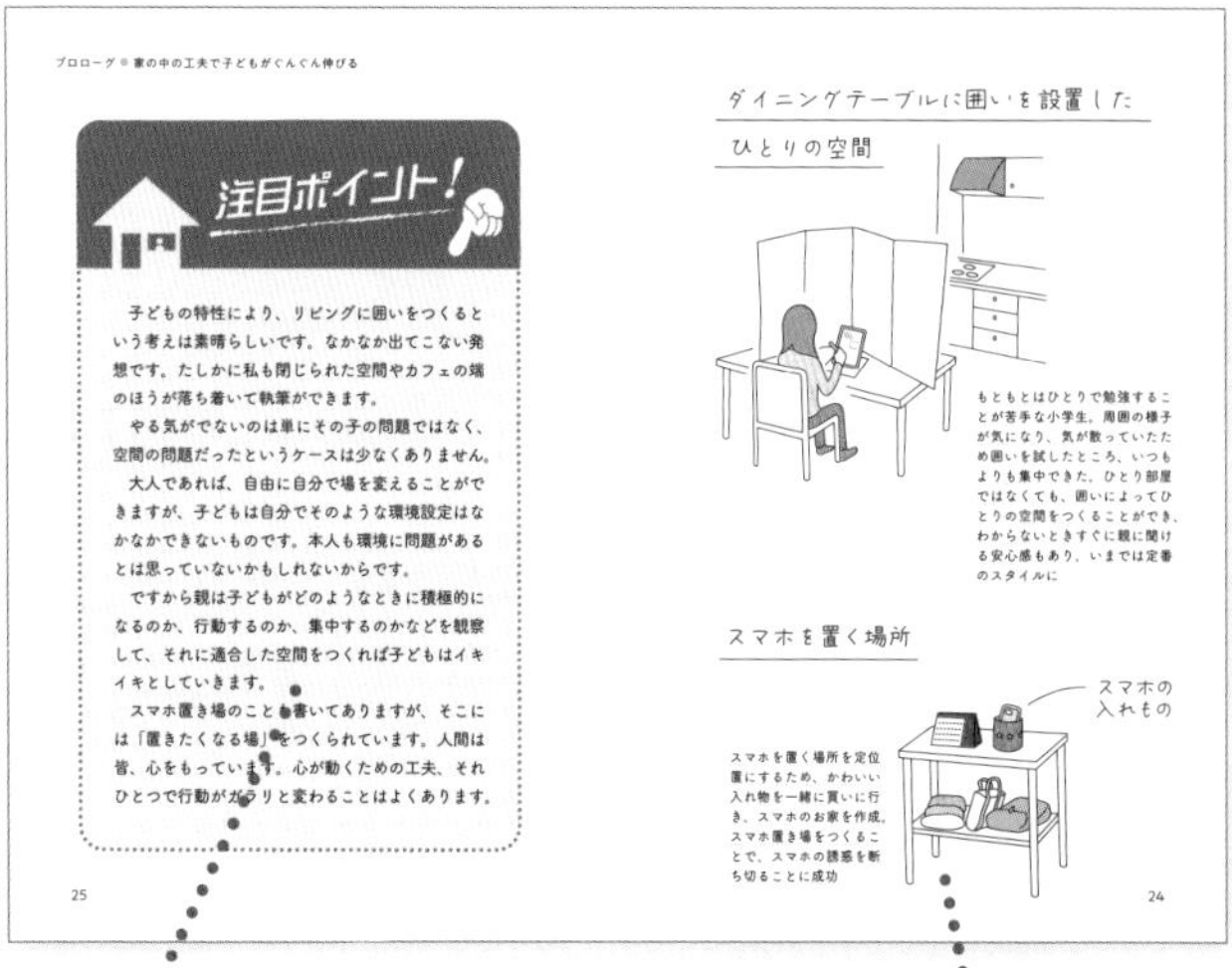
プロローグ ◎ 家の中の工夫で子どもがぐんぐん伸びる

注目ポイント！

子どもの特性により、リビングに囲いをつくるという考えは素晴らしいです。なかなか出てこない発想です。たしかに私も閉じられた空間やカフェの端のほうが落ち着いて執筆ができます。

やる気がでないのは単にその子の問題ではなく、空間の問題だったというケースは少なくありません。

大人であれば、自由に自分で場を変えることができますが、子どもは自分でそのような環境設定はなかなかできないものです。本人も環境に問題があるとは思っていないかもしれないからです。

ですから親は子どもがどのようなときに積極的になるのか、行動するのか、集中するのかなどを観察して、それに適合した空間をつくれば子どもはイキイキとしていきます。

スマホ置き場のことも書いてありますが、そこには「置きたくなる場」をつくられています。人間は皆、心をもっています。心が動くための工夫、それひとつで行動がガラリと変わることはよくあります。

25

ダイニングテーブルに囲いを設置した ひとりの空間

もともとはひとりで勉強することが苦手な小学生。周囲の様子が気になり、気が散っていたため囲いを試したところ、いつもよりも集中できた。ひとり部屋ではなくても、囲いによってひとりの空間をつくることができ、わからないときすぐに親に聞ける安心感もあり、いまでは定番のスタイルに

スマホを置く場所

スマホの入れもの

スマホを置く場所を定位置にするため、かわいい入れ物を一緒に買いに行き、スマホのお家を作成。スマホ置き場をつくることで、スマホの誘惑を断ち切ることに成功

24

注目ポイント

各ご家庭での工夫している点を解説

工夫ポイント

前ページの間取りで紹介した内容を、イラストにしてさらに解説

プロローグの使い方

自分の家との共通点や、相違点を見つけ、自分の家だったらどのような工夫ができるのかを考えるきっかけにしてみましょう。

ランドセル置き場上のリストで自分から動く子どもたち

見える化で毎日のルーティンを定着させる

3人のお子さんを育てるAさんは、マンションにお住まいで、ランドセル置き場に工夫が見られます。

3人のお子さんの荷物は、廊下に3段ラックを置き、そこをランドセル置き場にすることで帰宅後の片付けがスムーズにできるような対策をしています。

ランドセル置き場のすぐ上の壁には、やることや持ち物が一目で確認できるように、やることリストや持ち物チェックリストが貼ってあり、見える化がされています。やることがいつもわかるようになっているため、ルーティンとして定着しているようです。

学校から帰ってきた後にやる宿題や自宅のプリント学習、翌日の学校の準備などリストを見ながら自分で行える工夫があります。

〈Aさんのプロフィール〉

住居：マンション

子ども：小学3年生（9歳）の男の子／6歳の女の子／4歳の女の子

主な学習場所：リビング

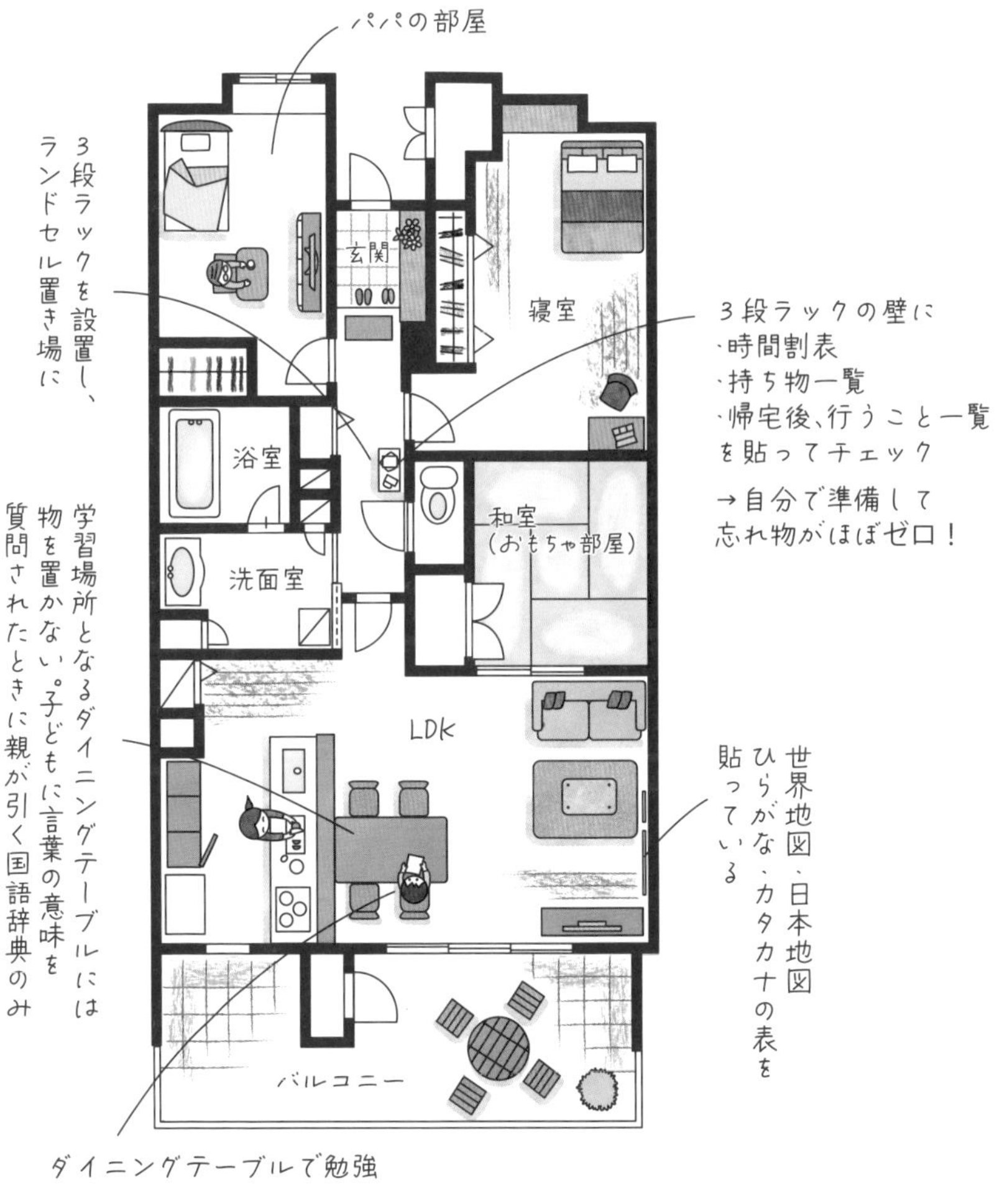
パパの部屋
3段ラックを設置し、ランドセル置き場に
玄関
寝室
3段ラックの壁に
・時間割表
・持ち物一覧
・帰宅後、行うこと一覧
を貼ってチェック
→自分で準備して
忘れ物がほぼゼロ！
浴室
洗面室
和室
（おもちゃ部屋）
学習場所となるダイニングテーブルには物を置かない。子どもに言葉の意味を質問されたときに親が引く国語辞典のみ
LDK
世界地図、日本地図
ひらがな、カタカナの表を
貼っている
バルコニー
ダイニングテーブルで勉強

ランドセル置き場

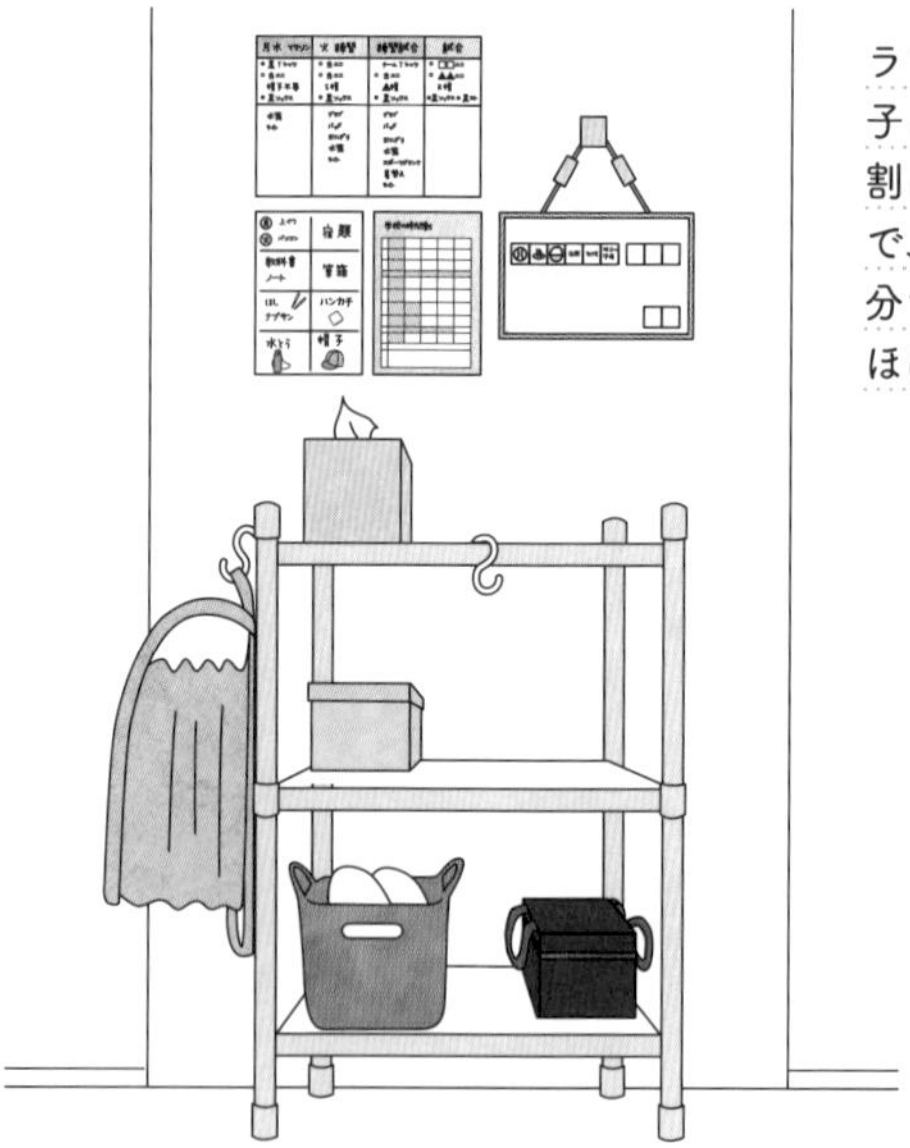

ランドセル置き場には、子どもの目の高さに時間割と持ち物一覧があるので、1年生のときから自分で準備して、忘れ物もほぼなく登校

ランドセル置き場の上には帰宅後してほしいこと（風呂→ごはん→宿題→自宅のプリント学習など5分程度→明日の準備など）を貼り出し。やることリストを見ながら調子がいいときは自ら取り組めるように見える化してあり、廊下に貼ることで帰宅後の動線もスムーズ。それがルーティン化されていることも◯

やることリスト

月水 マラソン	火 練習	練習試合	試合
● 黒Tシャツ ○ 白ユニ 帽子不要 ● 黒ソックス	○ 白ユニ ○ 白ユニ S帽 ● 黒ソックス	チームTシャツ ○ 白ユニ ▲帽 ● 黒ソックス	○ □□ユニ ○ ▲▲ユニ K帽 ●黒ソックス ● 黒スト
水筒 ライト	グラブ パッド おにぎり 水筒 ライト	グラブ パッド おにぎり 水筒 スポーツドリンク 着替え ライト	同左

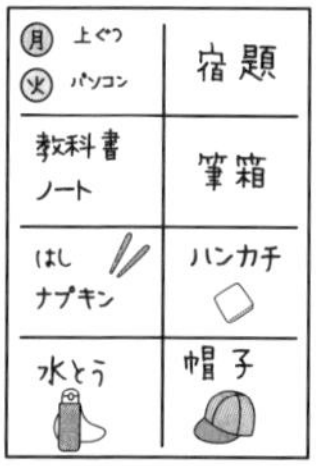

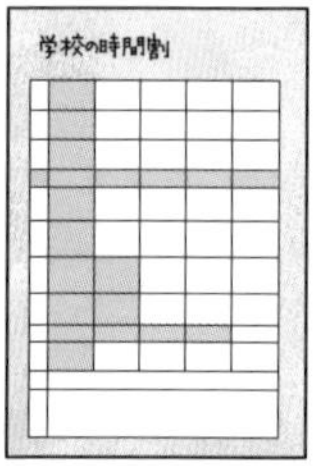

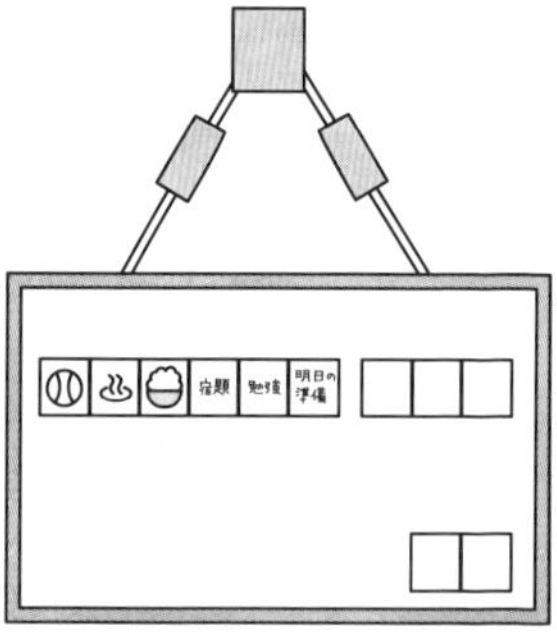

注目ポイント！

「見える化」が上手にされていますね。

「見える化」は大人も子どもも必要なことです。これがされているかいないかで、行動に大きな差が生まれます。子どもに対して、口頭でやるべきことをいっているだけでは、毎日いい続けなくてはいけません。

しかし、Aさんのように「どこに何を置くか」「何をいつやるのか」が具体的に示されていると、子どもにとってはとてもわかりやすく淡々と自主的に行動することができます。そして何よりも大きなメリットは「『見える化』というしくみで何事もこなしていけると子ども自身が学べる」ことです。この型が今後の子どもの思考、行動の鋳型《いがた》として定着することでしょう。

すると自己肯定感を満たされ、未来に対する希望も生まれます。この希望から、自分のやりたいこと、好きなこと、得意なことを見つけることができるでしょう。

子ども部屋にいても様子がわかる、親子で安心できる工夫

キッチンからも子どもの様子が確認できる

マンション住まいのBさん。小学4年生のお子さんの主な学習場所は子ども部屋ですが、キッチンにおかあさんが立ったとき、子どもが机に座っている様子が確認できます。子ども部屋の引き戸は常に大きく開けています。

同じ空間にいなくても、しっかり管理するわけではなくても、子どもの様子を確認することができるというよさがあります。

また、子ども部屋を2つのゾーンに分けているため、勉強をするスペースとリラックススペースを確保できています。

リラックススペースは子どもが勉強机に座ったときに背中側になり、視界に入らないようになっています。メリハリのある環境で勉強に集中ができているのです。

〈Bさんのプロフィール〉

住居：マンション

子ども：小学4年生（10歳）の女の子／7歳の男の子

主な学習場所：子ども部屋

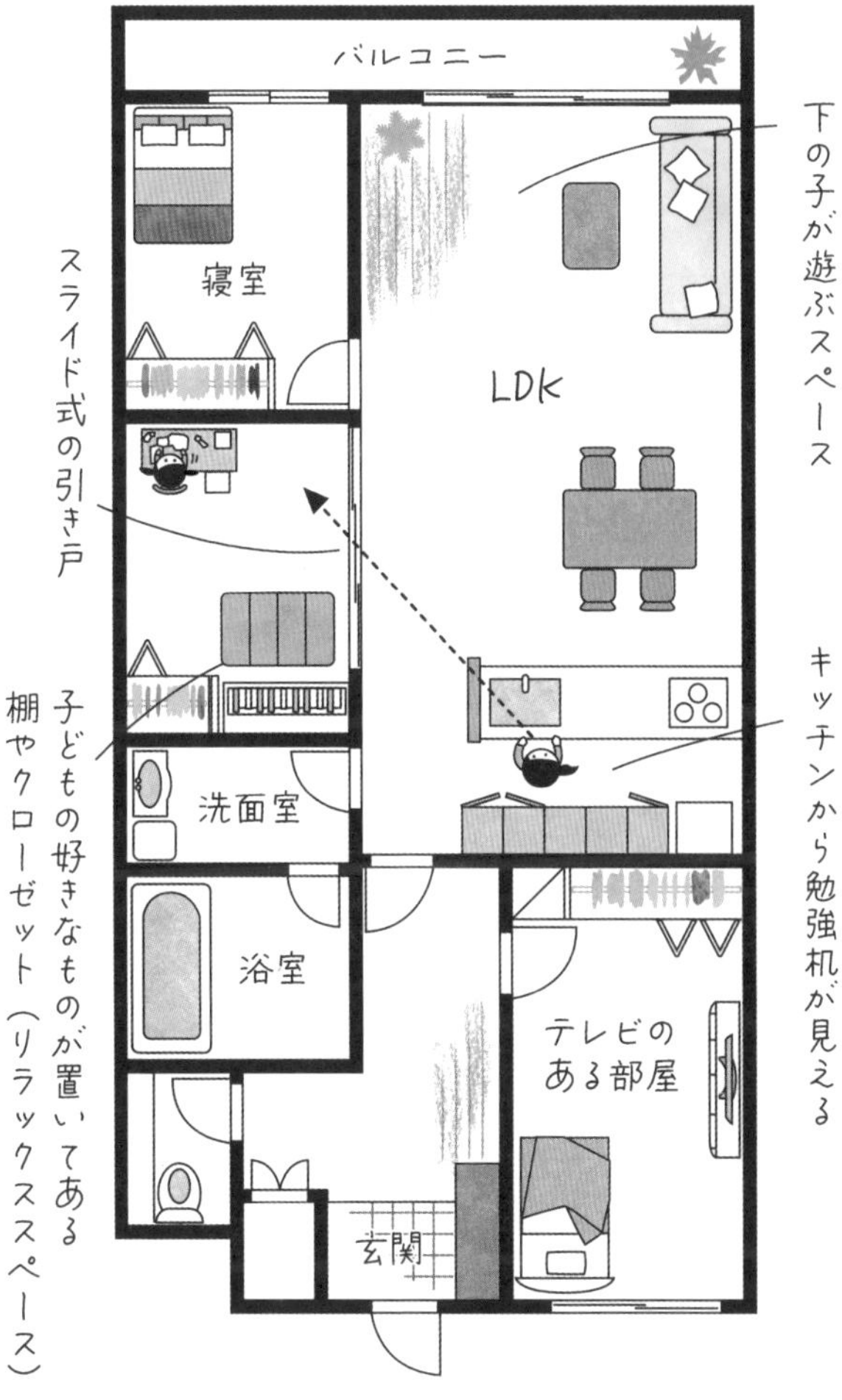

キッチンから勉強机側がよく見える配置

子ども部屋の引き戸は常に大きく開けて、キッチンからでも目に入る位置に机を設置。机に座ったときの前の壁や、机の上には何も貼ったり置いたりしないという工夫も。勉強机の横の壁には、地図一枚のみが貼ってあり、机に座ると、勉強に関係のないものは目に入らないような対策をしている

子どもの好きなものを置く棚やクローゼットのあるリラックススペース

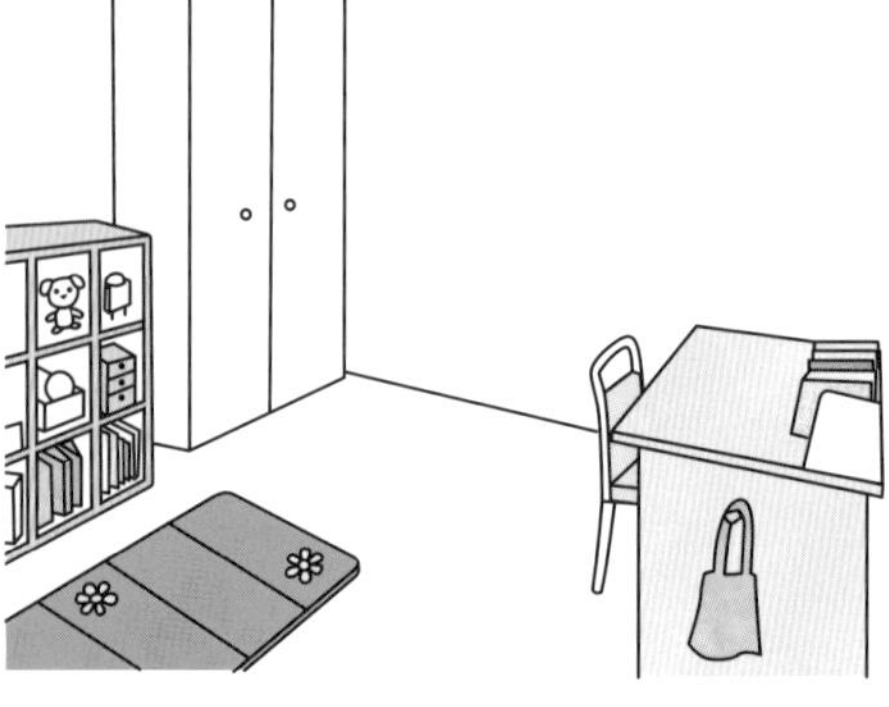

机に座ったときの背中側には、本棚や子どもが大事にしている細々とした雑貨を置く棚やクローゼットがあり、子どもの好きなものが置いてあるリラックススペースに

注目ポイント！

子どものことをよく考えて間取りがつくられていますね。

とくに子ども部屋を２つのゾーンに分けていくなど、子どもの居場所づくりがしっかりされています。よく「メリハリをつけなさいといってもできません」という話を聞きます。声かけだけでは、なかなか子どもは動くことができません。

しかし、このような環境設定を変えることで、自然とメリハリをつけることができるようになります。気が散りやすい子どもでなくても、目に入るもの、音として聞こるものが近くにあると集中力が続きません。

Bさんは、そのような配慮をされ、物理的な空間演出をされていることは素晴らしいですね。

子どもはそこにいるだけで、やる気になったり、リラックスできたり、集中できたりするのが、最高の空間です。その状態は人工的につくり上げることができます。まさにそれが実践され具現化された空間です。

家庭内フリーアドレス制の導入で一台の机を3きょうだいでシェア

3人で共有することで勉強する習慣がつく

3人きょうだいのCさんのお家では、以前はひとり一台の勉強机を用意していました。ところが、勉強机がいつのまにか物置になってしまったため、3人で一台を共有することになりました。家庭内でフリーアドレス制（固定の席をもたず、自由に席を選んで使うスタイル）を取り入れているのです。フリーアドレス制の取り入れ方については140ページで紹介します。

共有の机なので、常にきれいな状態を保つ必要があり、互いに声を掛け合って勉強することにしています。誰かが勉強していると、刺激を受けほかの子たちも勉強するというメリットがあります。

さらに次の人が待っているときもあるので、短時間で集中して課題を終わらせるようになったそうです。

〈Cさんのプロフィール〉

住居：マンション

子ども：小学5年生（10歳）の女の子／8歳の女の子／7歳の男の子

主な学習場所：子ども部屋とリビング

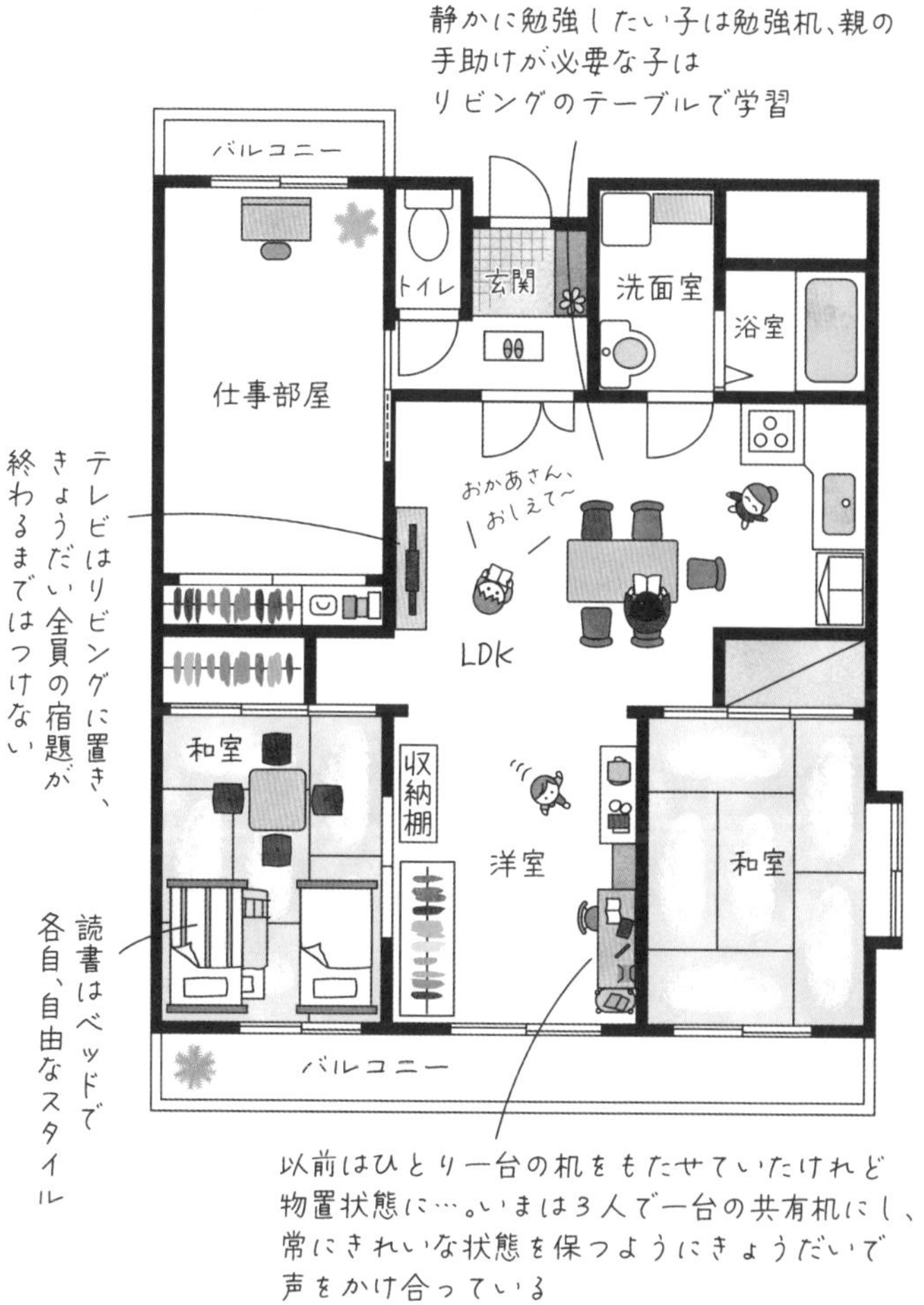
静かに勉強したい子は勉強机、親の手助けが必要な子はリビングのテーブルで学習
バルコニー
トイレ
玄関
洗面室
浴室
仕事部屋
おかあさん、おしえて〜
LDK
テレビはリビングに置き、きょうだい全員の宿題が終わるまではつけない
和室
収納棚
洋室
和室
読書はベッドで各自、自由なスタイル
バルコニー
以前はひとり一台の机をもたせていたけれど物置状態に…。いまは3人で一台の共有机にし、常にきれいな状態を保つようにきょうだいで声をかけ合っている

3人きょうだいで1台の
机や棚を共有している様子

机には個人のものは最小限にして、文房具などの必須なものだけを分けて置いている。机を一台にしてからは、勉強机争奪戦が勃発。静かに勉強したい人は勉強机、おかあさんの助けが必要な人はリビング、さらに集中したいときは、おかあさんの仕事部屋の机を使うという暗黙のルールが完成。とくに、仕事部屋の机を使うときは、特別感を感じ、さらに集中力が高まっている

机の左にあるシルバーの棚三段を、上から姉、妹、弟の３人で使っている。

共通で使う辞書などは共通の棚、それ以外は定期的に（3か月に1回程度）子どもたちだけで掃除を含めた、部屋の模様替えの日を設けている。部屋を締め切って限られた空間や条件の中で工夫する楽しみを見出して、改造を楽しんでいる。

そのたびに、家具の配置も工夫し、自分たちのものの置き場所もいろいろと変えている

注目ポイント！

フリーアドレス制はじつに素敵な発想です。

「一緒に使いなさい」ではなく、フリーアドレス制という言葉を使うことで何かワクワクしますね。それと同時に、使いたくなる気持ちが沸き起こります。もちろん場の取り合いという問題も起こりますが、だからこそ、それをどのようなルールにして使っていこうかと互いに話し合ったり、考えたり、思いやる心も育つものです。

また、いつも子どもたちが見える状態になっていますが、これは親にとってのメリットというよりも、子どもにとってメリットがかなりあるように思います。

つまり、いつも「見守られている」という安心感を子どもがもつことができるからです。Cさんの間取りと工夫を見ていると、親がニコニコしながら見守る状態がつくれていると感じます。

子どもがワクワクする
アトリエのような子ども部屋

子どものワクワクを最大限に引き出す

工作とブロックが大好きな子どもたちのために、子ども部屋をアトリエのように配置換えしたというDさん。机の各引き出しには、工作に使う様々な資材を揃え、完成した作品を自由に飾れるスペースも設けています。

スペースには、子どもたちの大好きなブロックが組み立てた状態で飾ってあり、達成感や満足度にもつながっています。

3人のお子さんたちはまだ就学前のため、一生懸命勉強をするお部屋という感じではありません。ただ、子どもの興味関心を引き出す、クリエイティブでワクワクするアトリエは、子どもたちのお気に入りの場所になっています。

〈Dさんのプロフィール〉

住居：マンション
子ども：認定こども園（6歳）の男の子／4歳の女の子／1歳の男の子
主な学習場所：リビングと子ども部屋

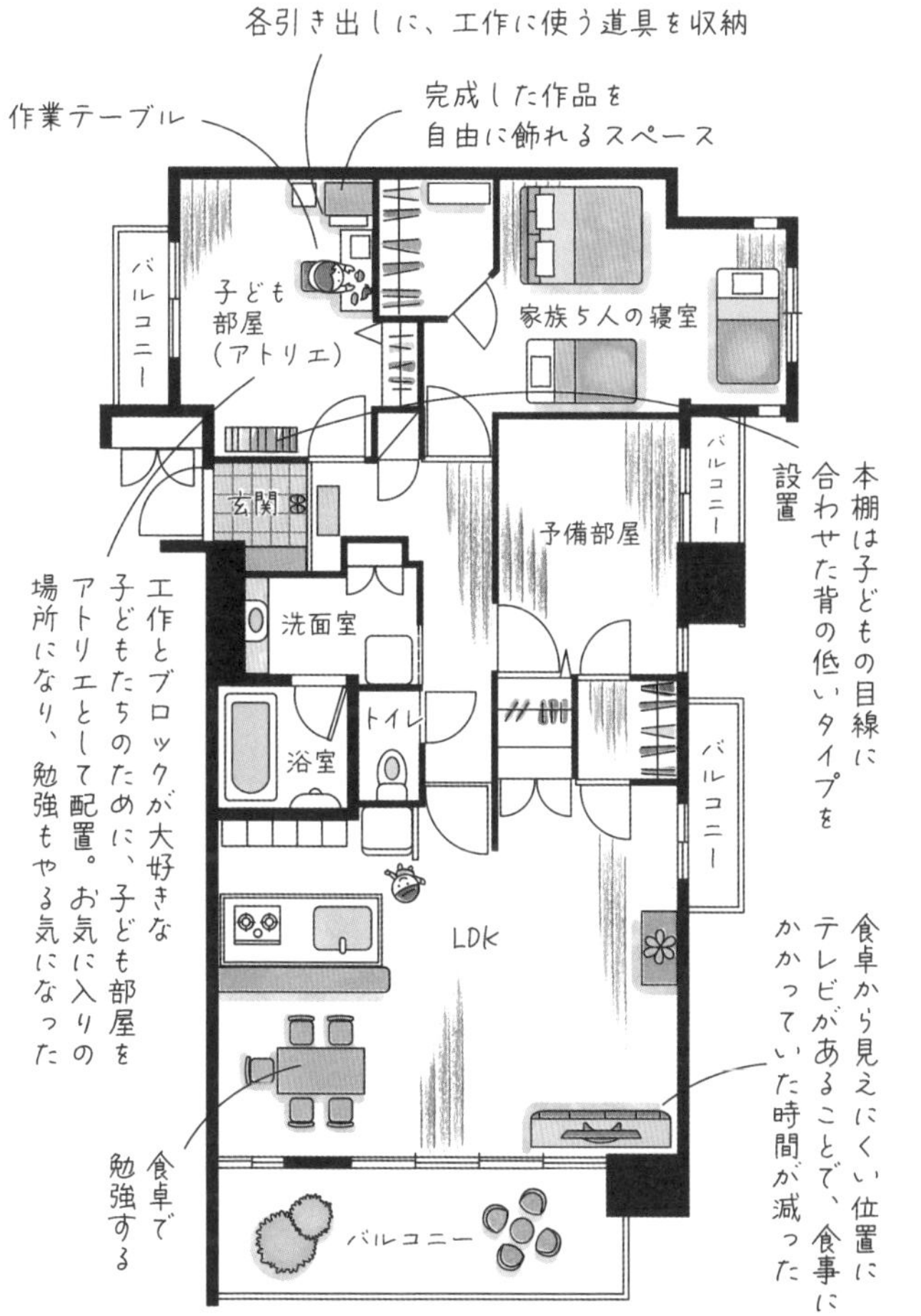
各引き出しに、工作に使う道具を収納
作業テーブル
完成した作品を自由に飾れるスペース
子ども部屋（アトリエ）
家族5人の寝室
バルコニー
玄関
予備部屋
洗面室
トイレ
浴室
LDK
本棚は子どもの目線に合わせた背の低いタイプを設置
工作とブロックが大好きな子どもたちのために、子ども部屋をアトリエとして配置。お気に入りの場所になり、勉強もやる気になった
食卓で勉強する
食卓から見えにくい位置にテレビがあることで、食事にかかっていた時間が減った

子ども部屋の資材入れ（引き出し）

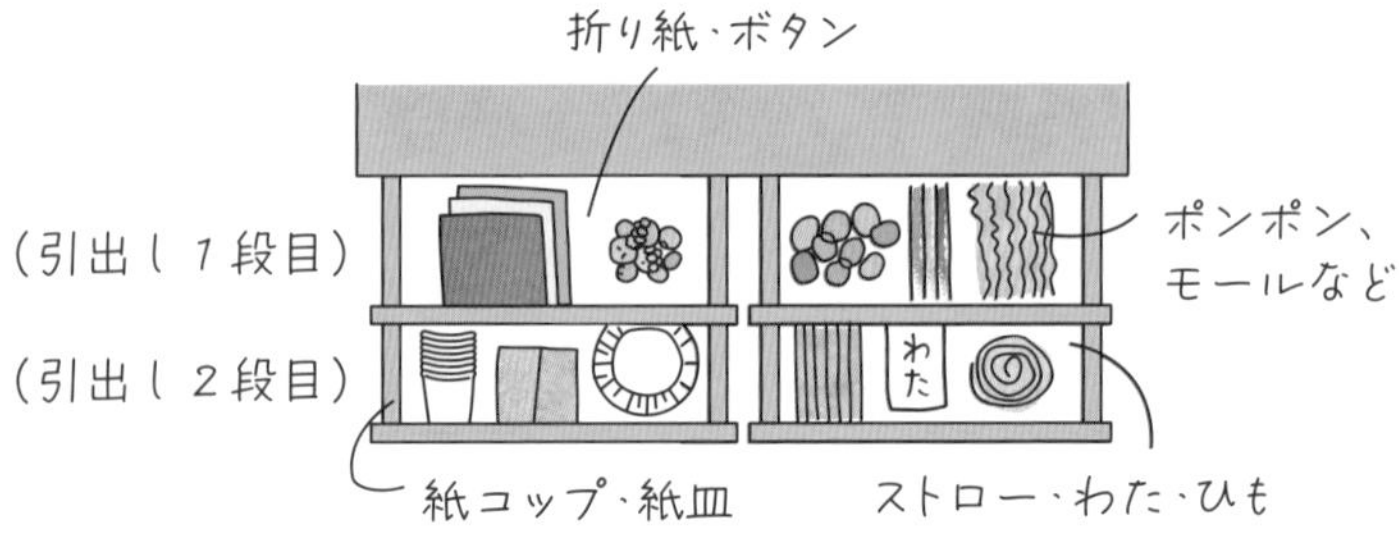

子どもたちにとって、子ども部屋（自称アトリエ）がお気に入りの場所になり、学習もやる気になっている

完成したブロック作品を飾る棚と資材入れ

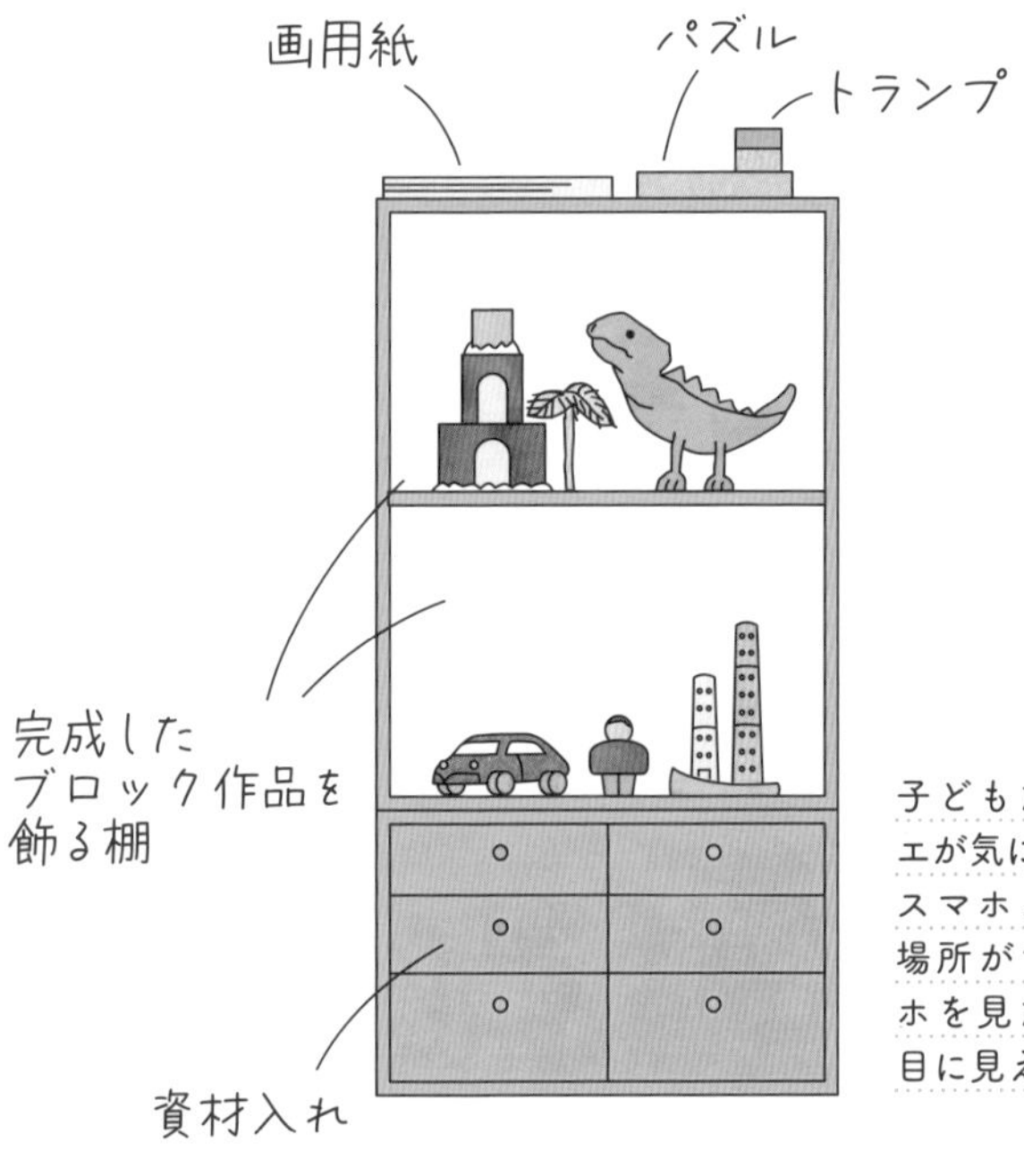

子どもたちもアトリエが気に入ったことで、スマホよりも楽しい場所ができて、スマホを見たがる時間が目に見えて減少

注目ポイント！

子どもはいるだけでワクワクする空間ですね。

「スマホより楽しい場所ができて、スマホを触る時間が減った」というのはまさに本来あるべき姿だと思います。子どもの立場になるとわかりますが、子どもは時間を持て余しており、何をしていいかわかりません。

暇なので、ゲームやスマホがあるとハマってしまいます。

しかし、ゲームやスマホよりも興味があるものがあれば、使用時間は減少していきますね。

部屋がアトリエという発想は、工作とブロックが好きという子どもの特徴を伸ばそうと考えた結果出てきたことだと思いますが、それを空間演出することによる「長所伸展法」といいます。子どもの好きなこと、得意なこと(長所)を伸ばす方法のひとつとして、没頭できるように「空間を変えてしまう」という方法があります。まさにそれを実践されています。

大人の場合も自分の趣味で満たされた空間であればリラックスできたり、ワクワクした感情がでてきたりすることでしょう。そのような心の状態から、チャレンジ精神や、積極性がでてきます。多くの方の参考になる空間演出のあり方ですね。

リビング学習でも囲いをつくりひとりの空間を演出

リビング学習でも集中できる工夫

リビング学習の際、テーブルに囲いをつくり、ひとりの空間で集中できるようにしているEさんのお家。引っ越す前は部屋の一角にくぼみがあり、そこにすっぽりハマるように机を設置して勉強していました。おかあさんが保育士として現場で働く中で、パニックになった園の子どもが、段ボールでつくったパーテーションのなかに入ると落ち着く姿を見て、自分の子でも試してみることに。

Eさんのお子さんはもともとはひとりで勉強するのが苦手なタイプでしたが、実践してみたら囲いがあるほうが落ち着くことがわかりました。目や耳がある程度遮断される空間で、静かすぎないという環境が合っているようです。

〈Eさんのプロフィール〉

住居：マンション

子ども：中学1年生（13歳）の女の子

主な学習場所：リビング

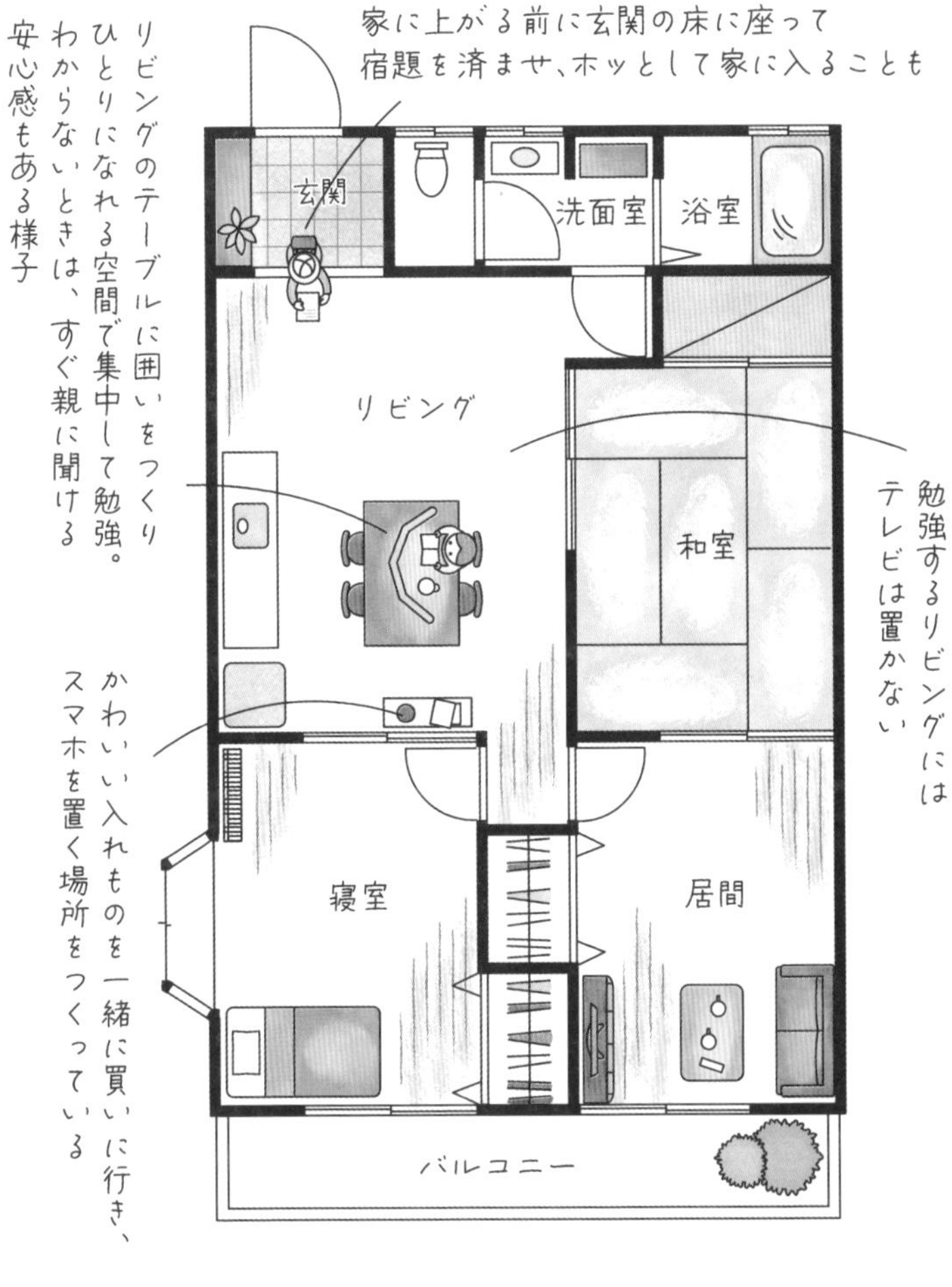

家に上がる前に玄関の床に座って宿題を済ませ、ホッとして家に入ることも
リビングのテーブルに囲いをつくりひとりになれる空間で集中して勉強。わからないときは、すぐ親に聞ける安心感もある様子
勉強するリビングにはテレビは置かない
かわいい入れものを一緒に買いに行き、スマホを置く場所をつくっている
玄関
洗面室
浴室
リビング
和室
寝室
居間
バルコニー

ダイニングテーブルに囲いを設置した

ひとりの空間

もともとはひとりで勉強することが苦手な小学生だった。周囲の様子が気になり、気が散っていたため囲いを試したところ、いつもよりも集中できた。ひとり部屋ではなくても、囲いによってひとりの空間をつくることができ、わからないときすぐに親に聞ける安心感もあり、いまでは定番のスタイルに

スマホを置く場所

スマホを置く場所を定位置にするため、かわいい入れ物を一緒に買いに行き、スマホのお家を作成。スマホ置き場をつくることで、スマホの誘惑を断ち切ることに成功

注目ポイント！

子どもの特性により、リビングに囲いをつくるという考えは素晴らしいです。なかなか出てこない発想です。たしかに私も閉じられた空間やカフェの端のほうが落ち着いて執筆ができます。

やる気がでないのは単にその子の問題ではなく、空間の問題だったというケースは少なくありません。

大人であれば、自由に自分で場を変えることができますが、子どもは自分でそのような環境設定はなかなかできないものです。本人も環境に問題があるとは思っていないかもしれないからです。

ですから親は子どもがどのようなときに積極的になるのか、行動するのか、集中するのかなどを観察して、それに適合した空間をつくれば子どもはイキイキとします。

スマホ置き場のことも書いてありますが、そこには「置きたくなる場」がつくられています。人間は皆、心をもっています。心が動くための工夫、それひとつで行動がガラリと変わることはよくあります。

リビングやお風呂場、工夫次第で家中が勉強空間に

リビングの椅子から一歩の距離に学習セットを用意

ダイニングテーブルでリビング学習が定着しているFさんのお家は、本人の気の向くタイミングで宿題を行っています。リビングの椅子から降りて一歩で届く距離の壁には、ランドセルや教科書、その他学校用品すべてを置いておくことができる棚をひとつ設置しています。

棚の引き出しには、鉛筆や消しゴムなどをラベリングして定位置を決めて置いてあります。子どもがやる気になったときにすぐに勉強をはじめられるようになっています。

また、リビングだけでなく、あちこちの壁や、お風呂場に掛け算やその学年で覚える漢字も貼ってあります。自然に目に入るのでまだ学校では習っていない内容も覚えていて効果を感じるそうです。

〈Fさんのプロフィール〉

住居：戸建て

子ども：小学２年生（８歳）の女の子／４歳の男の子

主な学習場所：ダイニング

戸建て１階
かけ算や漢字の表を貼って覚える
↑２階へ
洗面室
浴室
トイレ
階段収納
土間収納
玄関
LDK
和室
椅子から降りて一歩で届く距離の壁に、
ランドセルや教科書など、学校用品すべてを
揃えた棚を設置

お風呂にかけ算の表などを貼って覚える

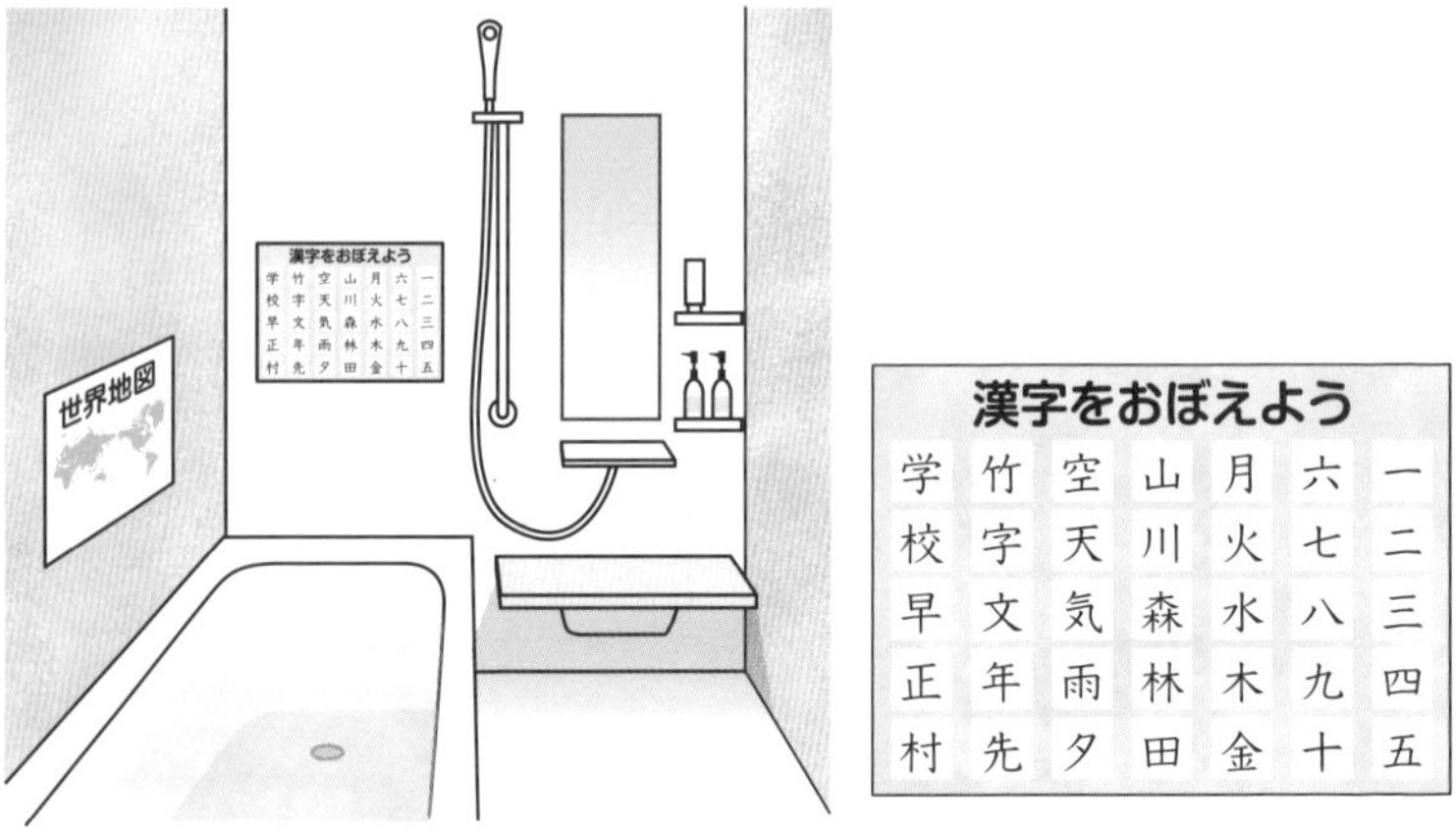

家のあちこちの壁やお風呂場に、かけ算や日本地図・世界地図、惑星などのシート、その学年で覚える漢字一覧を貼っている。いまでは、子どもから、暗記クイズをしようと誘ってくることも

椅子から降りて一歩で届く位置に学校用品をそろえた本棚の設置

リビング学習では、本人がやりたいときにすぐに始めることができ、面倒くさくならないように配慮している。子ども本人も、リビングに自分専用の棚があるのがうれしいようで、写真や好きな物を置いて、マイスペースとして活用

注目ポイント！

「面倒くさいから動かない」これは、人類の普遍の原理かもしれません。

それぐらい面倒なことは人はやらないようになります。

もちろん子どもとて例外ではありません。

Fさんのご家庭では、その面倒くささをなくすことで、子どもが自分から行動したり、学べたりする環境がつくられていますね。そして、そこには「楽しさ」もつくられています。面倒さをなくすために自動化しても、そこに楽しさがなければ無機質のつまらない空間になります。人間はロボットではなく、感情をもった動物です。ですから、ワクワク感、楽しさ、おもしろさが少しでも演出されていれば、それだけで行動できます。楽しさがあると、義務的な勉強はゲーム的、クイズ的になります。

すると小1だから○○を学ぶ、小2だから△△を学ぶという枠を超えて、子どもが興味をもちます。そのようになったらどんどん進めてしまいましょう。そういう環境設定がFさんの家庭にはありますね。

Contents

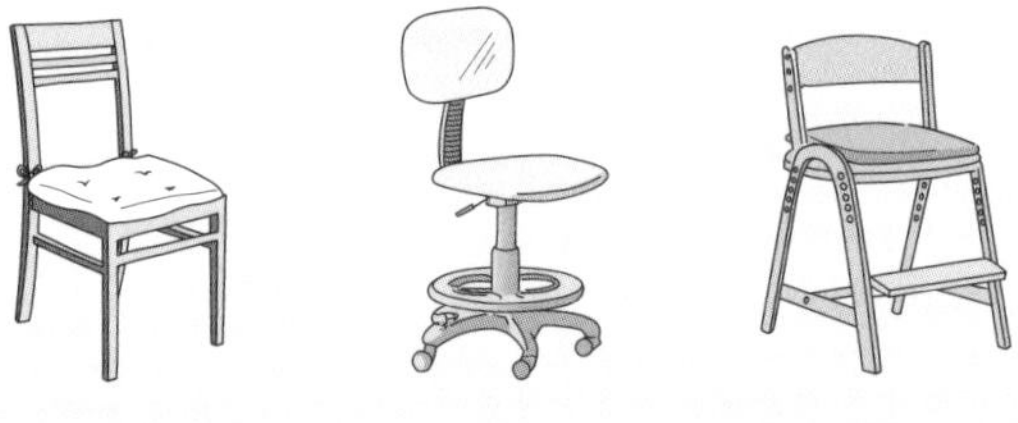

第2章 「早くしなさい！」といわなくても自分から動ける子になる家のしかけ

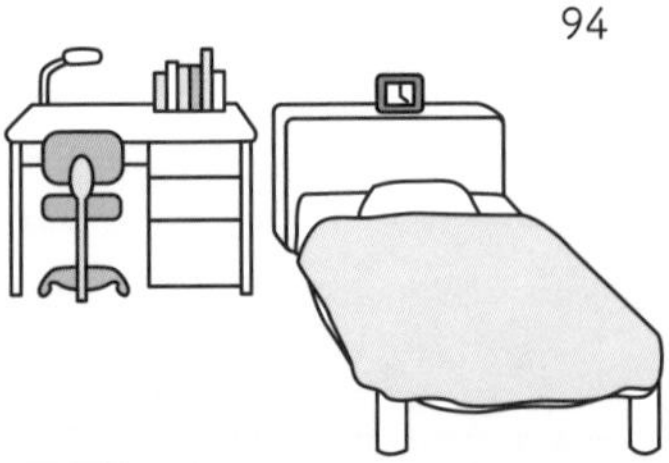

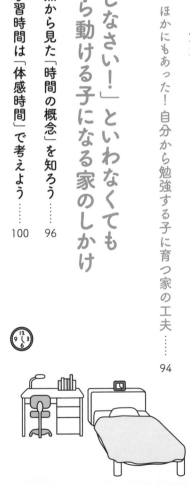

第4章 最高の生活習慣が身につく家庭環境のつくり方

お悩み別 本書の使い方

マンションだから子ども部屋をつくるのは難しい……
子ども部屋は本当に必要？

➡ 第1章 38ページへ

床にお座りスタイルのリビング……
リビング学習はテーブル＋椅子でないといけない？

➡ 第1章 62ページへ

宿題をなかなかしないため、「勉強しなさい」「宿題からやりなさい」ばかりいってしまう……

➡ 第2章 110ページへ

子ども部屋をつくれずリビング学習をすると、どうしてもリビングが子どものもので散らかってしまう……

➡ 第3章 144ページへ

勉強の習慣が定着しない……
口うるさくいわずに勉強してもらうには……

➡ 第4章 176ページへ

散らかった部屋を見ているとイライラして、つい怒ってしまう……

➡ 第4章 196ページへ

第1章

「勉強しなさい！」といわなくても自分から学ぶ子になる家のしかけ

勉強するために子ども部屋は必要？

最適な場所は、年齢や気質によって変わる

「子ども部屋があったほうが、勉強がはかどるでしょうか？」

「何歳頃から、子ども部屋が必要でしょうか？」

これは、小学生のお子さんがいるおとうさんおかあさんから、とても多く寄せられるご相談です。

子ども部屋があったほうが勉強に集中できるか？という質問については、子どもの年齢や気質による部分が大きいといえます。

子どもが小さいうちは、立派な子ども部屋があっても、物置のようになってしまうかもしれません。もしかしたら、「もう、そうなってしまいました！」というご家庭

も多いかもしれませんね。

また、子どもの個性や気質によって、最適な場所は異なる可能性もあります。たとえば、マルチタスクとシングルタスクというタイプで考えることもできます。

マルチタスク型とシングルタスク型の違い

マルチタスク型

□気が散りやすい　□物事を秩序立てて考える

□損得で動く　□繊細なタイプ　□情報を拾いやすい

↓勉強場所は、子ども部屋やリビングでも壁に向かう・パーテーションで区切るなど

シングルタスク型

□集中したら周りが見えない　□好き嫌いで動く

□やると決めたことに没入していく　□まわりの音も物も気にならない

↓どのような場所でも集中できる

マルチタスク型の子はいろいろなものが見えると目の前の勉強に集中できない傾向にあり、シングルタスク型の子は周りがどんな状況でも関係ない傾向にあります。

もちろんこの他にも疑問点をすぐに大人に質問できる環境がよい、弟や妹が遊んでいると気が散ってしまうからひとり静かに集中できる環境がよいなどもあるでしょう。

このような子どもの気質をつかみ、そのときどきの様子や家庭環境に合わせて、その子にあったよりよい環境をつくることが大切です。

子ども部屋がつくれなくても大丈夫

子どもにとって、子ども部屋は自分の大事なプライベート空間です。

たとえ小さな頃は物置状態だったとしても、学年が上がるにつれて自分の部屋を活用するようになっていきますし、部屋がなかった子は「自分の部屋がほしい」といってくるでしょう。

子ども部屋をつくることが無駄だとは思いません。

大切なのは、いざ自分の部屋で過ごすようになったときに、**子ども部屋が勉強しや**

すい空間に整うよう、机の配置などを工夫してあげることです。詳しくは次ページ以降で紹介します。

一方で、家の間取りや家族構成などによって子ども部屋をつくることが難しくても問題はないと思います。**子ども部屋がなくても、子どもが集中できる環境をつくるコツはたくさんあります**。

22ページで紹介したように、リビング学習をするときに子どものスペースをパーテーションで区切ったり、他の家族のいる空間でも集中できるよう壁に向かって勉強できるように机を設置したり、イヤーマフなどを用意したりという方法もあります。詳しくは次ページで紹介します。

机の配置で集中力が変わる

勉強机は壁向きがいい？

机の配置は、子どもの特性をしっかり理解してから決めましょう。子どものタイプによって、集中しやすい環境は異なります。

子どもの特性とおすすめの机の向き

マルチタスク型の子ども

・**特徴**　物事を秩序立てて考えられる一方、損得で動く。また、感覚が繊細なため、気が散りやすい傾向も。

・**机の向き**　壁向き。もしくはリビングなどの場合はパーテションで囲むなど。

マルチタスク型の子は視覚的な情報に引っ張られやすいため、目の前にほかのものがあると気になってしまう。何もない状態のほうが集中しやすい。

シングルタスク型の子ども

・**特徴**　一点集中型。集中したらまわりの状況は気にならない一方、好き嫌いが強い傾向も。

・**机の向き**　壁向き窓向き、どちらでもOK。シングルタスクの子は、自分がやると決めたことに対して没入していくタイプ。まわりの音も、ものも気にならないため、まわりがどんな状況でも集中できる。ただとくに好き嫌いの傾向が強いため、子どもが納得する場所を調査していく必要はある。

タイプは、子どもの特性によって決まるものですから、どちらがよい・悪いというものではありません。

わが子の特徴を知り、タイプに合わせてあげることが大切なのです。

マルチタスク型の子に合わせて、環境を整える

大人も子どもも、**集中できる環境をつくることがもっとも重要です。**

わたしはマルチタスク型なので、原稿を進めるときは、気が散るものをまわりに置かないようにしています。大人であれば、自分で集中しやすい環境をつくれますが、子どもの頃はそんな発想すら浮かばないでしょう。

だからこそ、おとうさんおかあさんが子どもを観察して、その子に合った環境を整えてあげてください。

マルチタスク型の子の環境の整え方

・勉強するときは、まわりが見えないようにパーテーションで区切る
・音に敏感な子は、イヤーマフや耳栓をする

子どものタイプ別 机の配置例

【マルチタスク型の子どもの机の配置】

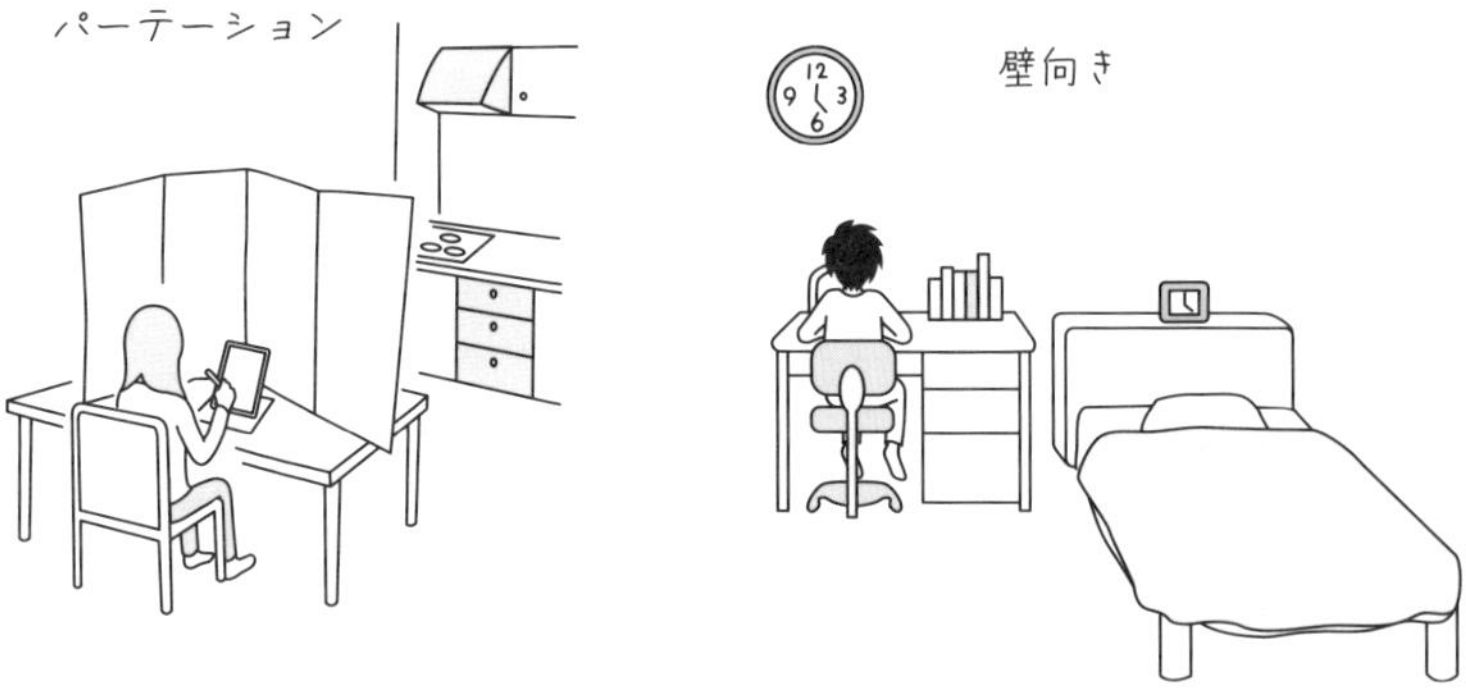

【シングルタスク型の子どもの机の配置】

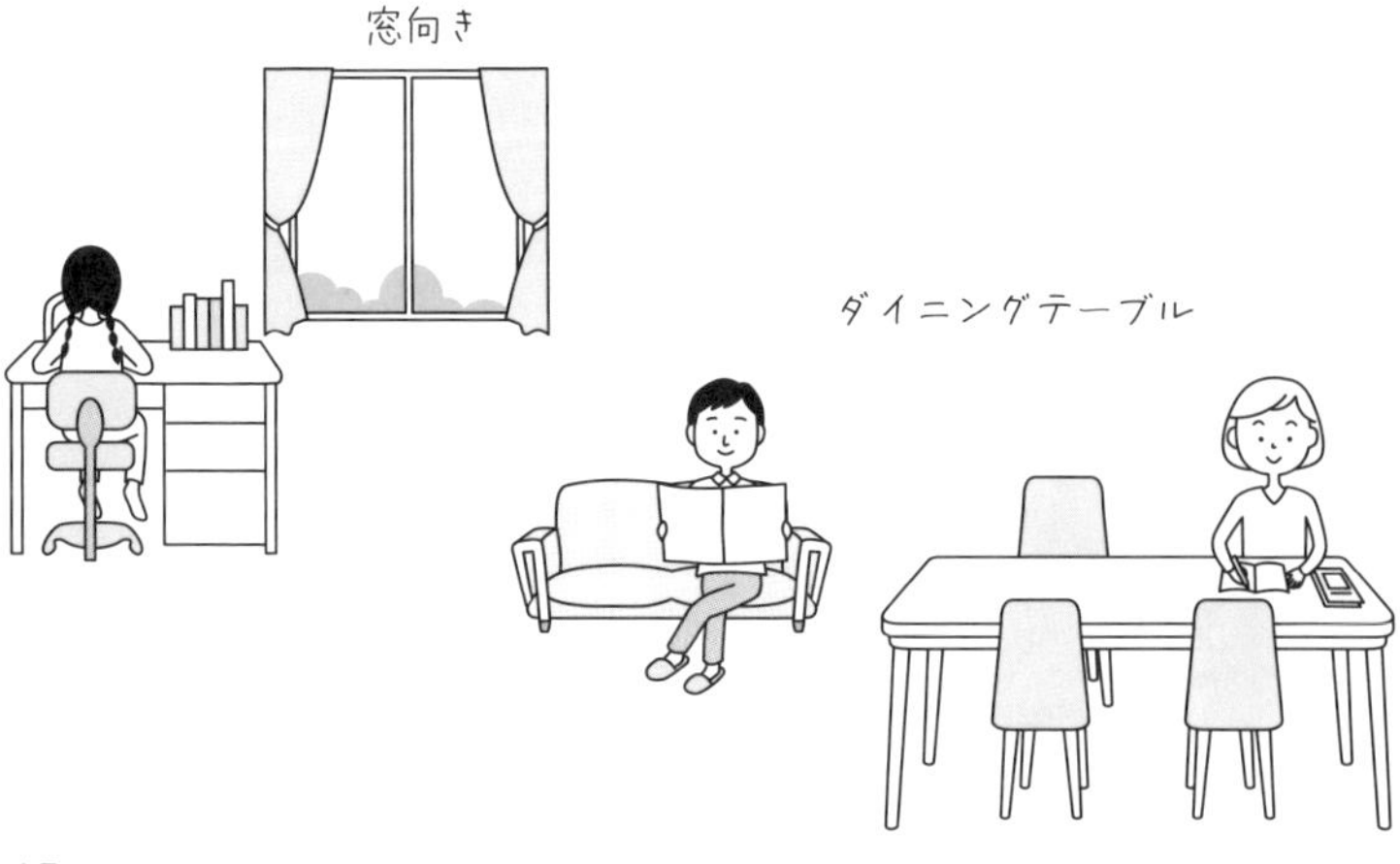

その子に合った勉強場所を家の中で探す

リビング学習が合わない子もいる

子どもは、一人ひとりやる気が起きる時間と空間が違います。

よく「リビングで勉強するといい」といわれていますが、じつは、全員に当てはまるわけではありません。なかにはリビングでは落ち着かない子もいるので、家のなかでどこが一番勉強しやすいのか、いろいろな場所で試してみましょう。

場所だけでなく、時間によっても、やる気が上がるか下がるか、違いを確認してみてください。

このように見ていくと、子どものやる気が出る場所、タイミングは一人ずつ違うことがわかります。

子どものやる気の確認ポイント

1 どの時間帯に勉強するのが実行しやすいか？
たとえば、朝晩どちらがよいか／おやつの前・あと、夕食の前・あとどちらがよいか　など

2 どの場所で勉強するのがやりやすいか？
たとえば、子ども部屋、リビング、階段下　など

3 どの位置で勉強するのが居心地がいいか？
たとえば、同じリビングでも座る場所を変えて調査してみる　など

本書を執筆するにあたり、未就学～小・中学生のお子さんをもつご家庭を対象に、家のなかで行っている「子どもが集中して勉強できる・自分から勉強する環境をつくる工夫」についてのアンケートを実施しました。アンケートの回答でも、最初はリビング学習をしていた子が、自分の空間がほしいと言い出したタイミングで、机の後ろに畳1畳分の自分だけのスペースをつくり、カーペットやクッションを本人に選ばせたところ、自分の机で勉強しては、スペースを利用し休憩したり音楽を聞いたりする

ようになり、そうしたら成績もグーンと上がったといいます。

その子に合った場所と時間を見つけるために、地道に調査をしていきましょう。

「やる気の出る場所」は、早いうちから探しておく

どの場所、どの時間で勉強をするのがよいかは、子どもが小さな頃からいろいろ試しておくのがおすすめです。


たとえば、やらなくてはいけないことが複数あるときは、

「国語と算数のドリル、どっちからやる？」

「どこで、何時ぐらいに取り組もうか？」

と、本人に確認しながら試していきましょう。このとき、

「学校から帰ってきたら、まず宿題しなさい」

というように、一方的な発信はしないようにしましょう。それよりも、ストップウォッチを活用して時間をはかり、

「ここでやるといつもより速くできたね、おもしろいね！」

とその子に合った場所を見つけてあげたほうが、結果的に質の高い勉強習慣が身につきます。

子どものリズムに合わせて、学習習慣をつくろう

子どもは、まだ理性が育っている途中の時期にいるので、「気分」で動いています。その気分を利用して、勉強のやる気を上げていきましょう。

たとえば、実際に「勉強をするのは、朝の子ども部屋がいい」という子がいたのですが、親御さんの反応は、

「うちの子は、いつも宿題を後回しにして、朝やっているから困るんです」

というものでした。ただ、これは、大人目線のとらえ方です。**その子にとって、朝の子ども部屋が一番やる気の出るところなら、当日の朝に宿題をしてもよいのです。**

子どもたちは一定のリズムのなかで生きているので、そのリズムに合わせてあげたほうが、勉強をする習慣が整います。ぜひ、いろいろな場所と時間を試して、その子に合った勉強場所を探してあげてください。

子ども部屋のインテリアは、子どもの意見を優先してもいい？

子どもの「居心地のよさ」を大切にしよう

子ども部屋のインテリアは、誰が決めていますか？

リビングのカーテンなら、親の考えで決めてしまってもよいのですが、**子ども部屋の場合は子ども本人の感覚を優先しましょう。**

子どもが好むなら、どんなインテリアになってもよいのです。大人から見たときの「見栄えのよいもの」や「一般的にいいといわれているもの」よりも、子どもが「心地よいと感じるもの」を選びます。

ただ、小さな子ほど「そのときの気分」で選んでしまいがちなので、長く使うものは、先を見据えて親からもアドバイスをしてあげてください。

話し合いで決めていく

わたしは、勉強面だけで考えると、カーテンの色や模様はあまり関係がないととらえています。勉強中にカーテンを見るわけではないからです。

一番重要なのは、子ども部屋が子どもにとって「安全基地」になることです。癒やされてリラックスできる場所があることで、子どもはエネルギーの充填ができ、勉強もがんばれるようになるのです。

子ども部屋のインテリアを選ぶときのポイント

・子どもにとって、居心地のよいインテリアで「安全基地」をつくる
・「ああしなさい、こうしなさい」というのではなく、子どもの意見を取り入れる
・親も「長く使うもの」という観点から多少意見をいい、話し合いをしながら決めていくと、もっともよい環境になる

子ども部屋のコーディネートは、「3択」方式で相談

子どもには「3択」方式がおすすめ

前項のインテリア同様、子ども部屋のコーディネートは、子どもに任せたほうが、愛着を抱きやすくなります。居心地がよいリラックスできる空間があることで勉強への取り組み方も変わる可能性があります。

ただ、小さな子の場合は、コーディネートを任せすぎるととんでもない色を選ぶ可能性があります。そのときに、

「これはダメ。やめておこう」

といってしまうと、

「なんでもいいっていったのに！」

という反発を招いてしまいます。こういったことから親への不信感が蓄積されてしまうので、気をつけたいところです。

このような場合の選び方としておすすめなのは、**最初から子どもに選んでほしくないものは見せないようにして、選択肢を絞っておく方法です。**

3択くらいまで、親が選んでおきましょう。

このなかであれば、どれを選んでもよいという状態にしてから、「部屋のカーテンは、この3つのなかならどれがいい？」といって、最後の選択をしてもらうのです。

こうすることで、突拍子のないものを選ばれなくなりますし、「これがいい」「ダメ」という押し問答をしなくて済むようになります。

子どもの側からしても、自分が選んだことで部屋に愛着がわきますし、自分で判断・決断できたという経験や知識も育っていきます。

自分の部屋のコーディネートは、心の学びにもなるので、ぜひ子ども本人に選ばせてあげてください。

勉強の必須アイテムは「座り心地のよい椅子」

椅子の座り心地で、集中力が変わる！

学習に適した環境を整えるために、わたしが考える最大のポイントは、「座り心地のよい椅子」です。勉強ができるように、本人が落ち着いて座れる椅子を用意してあげましょう。

たとえば、一般的な学校の椅子は、基本的に木でできていますが、じつは、あまり座り心地がよくありません。

これを上手に利用しているのが、街中のカフェです。カーブのついていないかたい木の椅子では長く座っていられないため、お客さんの回転率が早くなります。つまり、店内の雰囲気をおしゃれに保ちながら、早くお店を出てもらえるようなしかけになっているのです。

大人も長く座っていることができない木の椅子で、子どもが集中して勉強をすることは難しいでしょう。

すぐに席を立ってしまう子の場合、単純に椅子が合っていないことも少なくありません。**子どもが勉強をするときには、座り心地がよい椅子、疲れにくい椅子を選んであげることが重要なのです。**

また、勉強用の椅子を購入する際は、成長に合わせて調整できる、長持ちする椅子がおすすめです。大人も使えるような椅子であれば買い直しがいらないので、お金の無駄もなくなりますよ。

勉強に向いた椅子を用意しよう

一方で、いくら座り心地がよくても、くつろぐことを目的にしている椅子は、勉強には向いていません。

たとえば、ソファーやリクライニングチェアなどです。

リラックスしすぎてしまうと、そこでゲームを始めてしまうかもしれませんし、つい寝てしまう可能性もあります。ソファーに座ってテーブルで仕事をしようとすると、大人でも姿勢が悪くなりますし、長時間つづけるのが難しくなるでしょう。

先ほどのカフェの例でいうと、カフェにはソファーを用意している場所もありますが、サイドテーブルが低かったり小さかったりと、長時間の作業が難しいようにして回転率をあげているという見方もできます。

あくまで、勉強に適した椅子のなかで、座り心地のよいものを探しましょう。ぴったりの椅子が見つからないときは、木の椅子にクッションや座布団を使って工夫するのもおすすめです。

応用編として、ゲームやテレビなどは、木の椅子でするというルールにするのもよいですね。

長時間やってほしくないことは、やりにくくなるようにするのも、子どもの学習環境づくりのポイントです。

勉強におすすめの椅子

【調整のきく学習椅子】

【木の椅子＋座布団】

リラックスが目的の椅子

【ソファー】

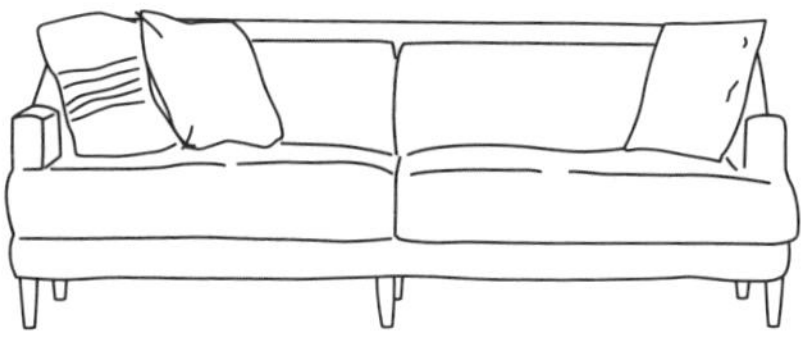

【リクライニングチェア】

子どもの「無意識の感性」を大切にする

インテリアからは少し離れますが、**心地のよいものを選ぶのは勉強道具でも同じく大切です。**

子どもに限った話ではありませんが、人間にとって感性はとても重要です。とくに、意識していない「無意識の感性」を大切にしましょう。

たとえば、わたしの場合、『はじめての子ども手帳』（ディスカヴァー・トゥエンティワン）という手帳をつくったとき、色合いと紙質を徹底的に調べました。膨大な量の紙をサンプルとして集め、どの紙なら触りたくなるかを重視して選んだのです。

ここまでこだわった理由は、「いつも触りたい」という心地よさは「使いたい」という気持ちにつながるからです。

使い心地のよい文房具が勉強のやる気をアップさせる

同じように、鉛筆、消しゴムなどの文房具も、もっていて心地がよいもの、触っていたくなるものを用意しましょう。**それが勉強しようというやる気につながったり、集中力の持続につながったりします。**

ここで注意したいのは、キャラクターなどの形をした消しゴムは、多くの場合、「心地よいもの」に当てはまらないということです。よく消えない消しゴム、もちにくい形の消しゴムは、勉強中のストレスになります。

子どもは、紙の手触りが悪い、消しゴムできれいに消せない、といった微妙な感覚でやる気をなくしてしまうものですから、こうした無意識の感覚を大切にしてあげてください。

消しゴムに限らず、鉛筆や定規、ノート類も同様です。

とくに、文房具は毎日使う勉強道具です。子どもが、ずっと触っていたいと思えるような、心地のよいものを選びましょう。

学習机は子どもの成長を見越して選ぶ

子どもに任せると「いまの好み」で選ぶ

小学校入学などのタイミングになると、

「学習机は購入したほうがいいですか？」

「どのように選んだらいいですか？」

という相談が、多くのご家庭から寄せられます。

子ども部屋のカーテンなどのインテリアと違い、学習机を選ぶときは、子どもの意見を優先するのはおすすめしません。それは、ほぼ100％の確率でキャラクターが入っているものを選んでしまうからです。

当たり前のことですが、子どもはいつまでも小学1年生ではありません。ずっと同じキャラクターを好きでいる可能性は高くないでしょう。勉強机は、中学生・高校生になってからも使うものですから、将来の使いやすさまで考える必要があるのです。小学校1年生の子が将来のことまで考えるのは難しいことなので、**大人がリードし、未来を意識しながら一番合うものを用意しましょう。**

「長く使えるもの」という目線で探してみる

学習机は、とくに汎用性の少ない家具です。子どもの意見を優先してキャラクター色の強い学習机を購入すると、時間が経つにつれ、物置化してしまうでしょう。将来成長したときに、勉強用に新しく買い換えることになるケースもあります。

最近はメーカーでも、子どもの成長に合わせて高さが調整できるように工夫されているものもあるので、チェックしてみてください。

もちろん、学習机も必ずしも購入しなくてはならないものでもありません。成長してもリビングの机で勉強する、自習室やカフェで勉強するほうがはかどるという子もいるでしょう。あくまでも子どもに合わせて考えてみましょう。

勉強するのにローテーブルでもよい？

ローテーブルで勉強がはかどる子もいる

リビングで勉強する子の場合、家庭によってはローテーブルを使用しているパターンもあるでしょう。**学習机とローテーブル、どちらのほうが集中できるのか、合う・合わないは人によって違うので、ぜひ様子を確認してあげてください。**

小学校は基本的に机と椅子なので、自然と椅子に慣れていくと思いますが、家のなかでは、より本人が落ち着く環境に整えましょう。ちなみにわたし自身はこたつのほうが集中できたので、中学生・高校生のときは床に座って勉強をしていました。

ただ、ローテーブルの場合に注意してほしいのが、姿勢です。前のめりになったり、寝転がったりしないように、気をつけてください。

クッションや座椅子で、座り心地をよくする

ローテーブルで、集中して勉強するには、座り心地が大切です。座椅子、座布団、クッションなどを工夫して、長時間座っていたくなるような心地のよさを追求しましょう。最近は、子ども用の小さいサイズのものも売っているので、ぜひ探してみてください。

ただし、購入する際は、子どもにもきちんと確認し、同意をとりましょう。観点や感覚は人それぞれ違うものですから、**親が「居心地がよい」と思うものが、子どもにとっても同じとは限りません**。

子どもが、「これがいいな、これがすごく落ち着くな」というものを選ぶようにしましょう。子ども自身も、自分で選んだので、しばらくはそれを使って勉強をするはずです。

このように、「自分で選択したことに責任をもつ」という学びを体感するためにも、本人にとって居心地のよいものを選んでもらうようにしてくださいね。

「面倒くさい」動線が子どものやる気を下げている

子どもがラクに取り組める動線を考える

「子どもがなかなか宿題をしてくれない……」

という声は、本当によく耳にします。でもこれは、**子どもの性格が原因ではなく、間取りと物の配置による、「面倒な動線」のせいかもしれません。**たとえば、

「ランドセルは子ども部屋に置いて、帽子はクローゼットにかけて、体操着は洗濯カゴに出して、宿題はリビングでやって……」

といわれたら、大人でも面倒くさくなってやる気が出なくなることがあります。子どもであればなおさらです。

この「面倒だなぁ」と思う気持ちが、子どものやる気を下げてしまいます。

まずは、ランドセルが簡単にかたづけられる場所を用意するところから始めましょう。

ランドセル置き場の例

・リビングなどにランドセル専用の棚を用意する
・学習机の横にぶら下げられるようにする

勉強部屋と勉強グッズは近い場所にする

子どもが勉強する場所と、教科書や勉強道具のある場所が、離れてはいませんか？もし離れている場合、準備が面倒くさくなるので、子どもの勉強へのやる気がガクッと下がってしまうでしょう。

また、リビングで勉強することを好む子は、「困ったときにすぐ親に聞けるからラクでいい」と思っている傾向があります。それなのに、**無理に子ども部屋で勉強させてしまうと、親に聞きたくてもリビングまで移動するのが面倒くさくなり、**勉強自体が続けられなくなってしまうかもしれません。
勉強もかたづけも、子どもに「面倒くさい」と思わせないように、動線を考えてあげましょう。そうすることで、上手にやる気を維持して行動できる子になりますよ。

勉強がしやすい部屋のポイント

× ビジュアルの美しい部屋
× 大人の視点から見た快適な部屋
◎ 勉強に必要なものが、すぐに手に取れる部屋
◎ 子どもにとって動線がラクな部屋

続かない原理は、大人のスポーツクラブと同じ

「面倒くさいとやらなくなる」という原理は、大人にも当てはまります。
たとえば、スポーツクラブを続けられない人は、運動が面倒なのではなく、「ウェ

アを用意して、移動して、受付でチェックして、運動して、シャワーを浴びて、着替えて、移動して、家に帰ったら洗濯して……やることがたくさんあって大変だ」と工程が面倒くさくて行かなくなってしまいませんか？

とくに子どもの場合は、理性が育っている途中なので、この「面倒くさいのは嫌だ」という気持ちが、より顕著にあらわれます。

面倒だから自分から動かなくなるパターン

- 取りに行くのが面倒になるから、かたづけない
- ランドセルを取りやすいから、出しっぱなしにする
- 勉強道具を出すのが面倒なので、勉強する気が起きない

でも、**このような子どもの行動は、物の配置で変えることができます。**

部屋の間取りに合わせて、何をどこに配置すると子どもの動きがラクになるのか、様子をみながら調整しましょう。

やってほしくないことは、面倒くさい動線にする

「面倒くさい」という気持ちを、逆手に取る方法もあります。

「ゲームばかりで、勉強をちっともしないんです！」

という多くの親御さんのお悩みを、動線の工夫で解消することができるのです。その方法は、ゲームができるまでの工程を面倒にすることです。

ゲームをすることを面倒にする方法

・ゲームの本体をテレビやパソコンから外して、別の部屋に置いておく
・接続するコードを本体やテレビと別の場所に保管する
・ゲームの電池を全部外して、別々に保管する
・部品を全部バラバラにし、組み立てないとできないようにしておく

このように、**「ゲームをするのが面倒くさい」という状況をつくれば、子どもは自然とゲームをしなくなるでしょう。**

ただ、これは子どもの好きなことに、かなりの制限をかける方法になり、少しかわいそうなところもあるので、「毎日ゲームばかりで本当に困っている！」というご家庭だけ、試してみてください。

スムーズな動線をつくる

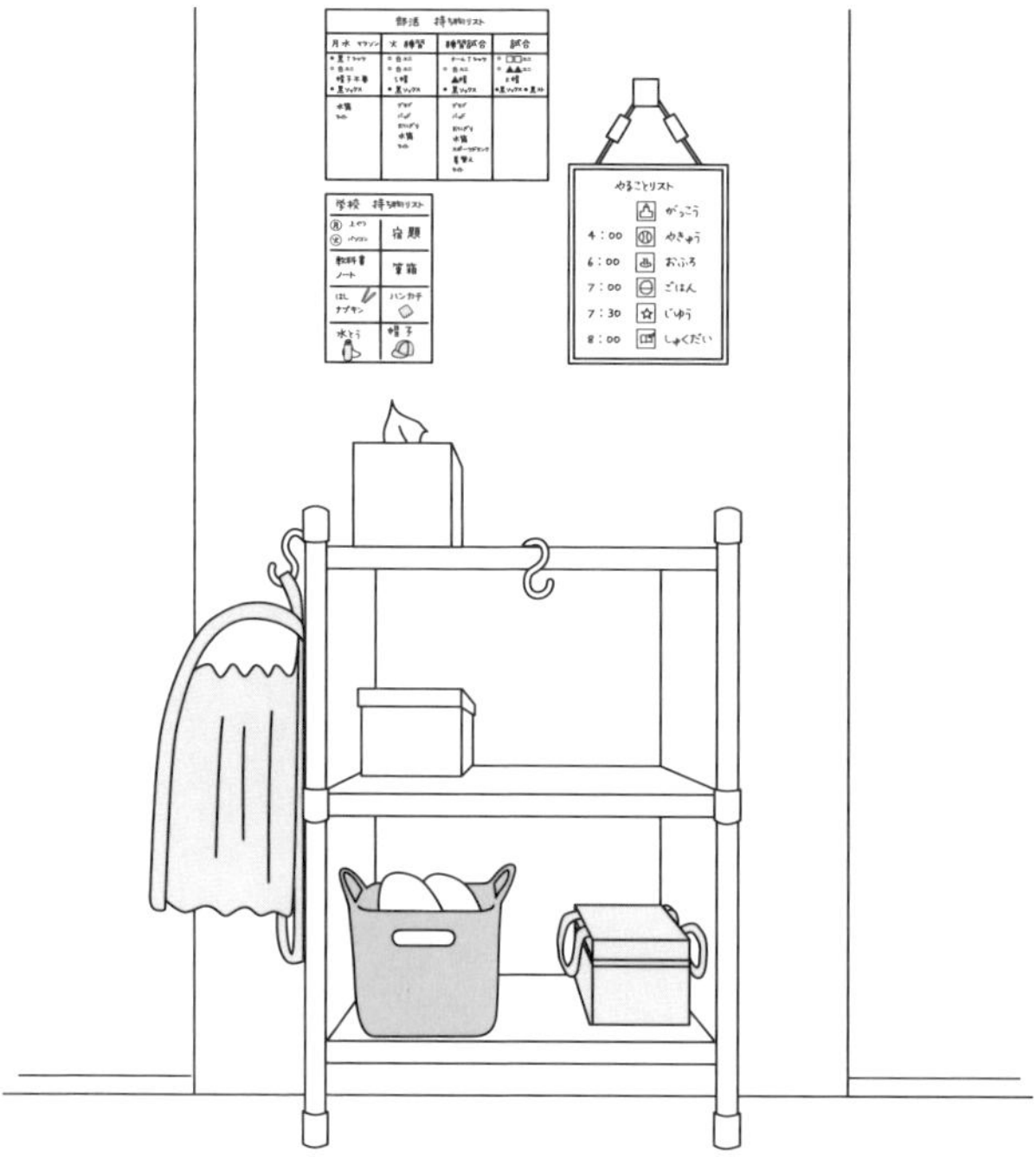

【ランドセル置き場の例】

- 部屋にランドセル専用の棚をつくる
- 机の横にぶら下げられるようにする
- 玄関や階段下にスペースをつくる

【勉強道具の置き場の例】

- 移動できるよう文房具セットを用意しておく
- リビングの机のそばに文房具一式を用意した引き出しをつくる

勉強をする場所にゲームや漫画は置かない

テーブルの上には何も置かないようにする

中学生の男の子から、

「勉強しようと思うときに、どうしても漫画やゲームが気になってやってしまうんです。どうしたらいいですか？」

という質問を受けたことがあります。そこで、

「その漫画とゲーム機を、隣の部屋に置いたらどう？」

と回答したら、「そっかぁ」といっていました。

勉強をする場所に、漫画やゲーム機など、子どもが興味をもつものを置いていませんか？

そばに魅力的な誘惑物があったら、当然目移りしてしまうものですから、勉強を始める前に机の上をキレイにしておきましょう。

習慣になっていると、本人では気づけない

子どもは基本的に面倒くさがりなので、好きなものや、またすぐに使いたいものを出しっぱなしにしてしまいがちです。

その環境で勉強に集中できるはずがないのですが、子ども自身には、それがわかりません。

習慣で、それが当たり前になっていることほど、本人にはわからないものなのです。

親御さんもゲーム機が出しっぱなしになっていることに慣れてしまって、そのままになっているケースは少なくないでしょう。

とてもシンプルな方法ですが、一度勉強する机の上を見直して、何も置かないようにしてみてください。きっと、子どもの集中力が変わるはずです。

頭のよい子の本棚は、どんなもの？

これからも紙の本は勉強の必需品

子どものために本棚を用意したほうがよいか、どんな本を揃えたほうがよいかということも、よく寄せられる相談のひとつです。

最近は、電子辞書も電子書籍もあり、スマートフォンやタブレットで情報を得ることができるようになってきたことも、本棚問題のお悩みの要因になっているかもしれません。

結論からいうと、**勉強をするなら、ぜひ紙の本と本棚を用意してあげてください**。

これは、紙のほうが、人との親和性があり、情報の理解のしやすさなどがあるとされているためです（「紙の文化―文化の創生と継承において紙が果たしてきた役割と電子化時代の新たな展開――」尾鍋史彦2011）。

電子書籍が流通して何年も経ち、漫画や雑誌の需要は、電子書籍のほうが高くなったといわれています。ところが、それ以外の絵本や参考書などはいまだに紙の本の需要があります。

紙の本が3Dだとすると、電子書籍は2Dです。3Dのほうが、立体感でインパクトがあって、好まれやすいのでしょう。

もちろん、それでも、**子どもの個性によって違いはあります。なかには2Dのほうがやる気の出る子もいるので、その子の好みを確認してください。**

どんなことであっても、大人の思い込みで、

「これがいいといわれているから、こうしなさい！」

と押しつけないようにしたいものです。

本棚は大人が整理整頓する

勉強用に本棚をつくるのであれば、図書館のような分類を目指すことが大切です（詳しくは78ページ）。国語・算数・理科・社会と教科がぐちゃぐちゃになっていると、いざ本を読みたいときに、探すことが面倒になってしまいます。これも、勉強のやる気を下げてしまう原因になるのです。

おとうさんおかあさんが司書になったつもりで、子どもの本棚を整理してあげましょう。

本棚を整理するときのポイント

・同じ分類のものは、そばに並べる
・よく使う本は、取りやすい位置に置く
・マンガなどは、あまり目につかず、取り出すのが少し面倒な奥のほうに置く

大人もキッチンの収納をするとき、使いやすいものをいつも手に取れるところに置

き、めったに使わないものは少し取り出しにくいところに入れておくなどして、自然と整理整頓をしているはずです。

これと同じように、子どもの本棚も整理してみましょう。

図鑑シリーズ、歴史シリーズを全巻揃える必要はない

本棚に置く本について補足しておくと、図鑑や歴史の漫画シリーズを揃える必要はありません。昆虫の図鑑を1冊買ったら、次は動物、植物、宇宙、美術……と同じ図鑑シリーズを買い揃えていきたくなってしまいますが、これはよくある大人の勘違いですので、注意してください。

本棚には「虫」や「宇宙」など特定のジャンルの本だけが何冊もある状態になるかもしれませんが、それでかまいません。**好きなことをどんどん突き詰めていき、その周辺へと興味の幅を広げていく……これが、本当の学びにつながります。**

とくに子どもがまだ小さいときほど、この学び方がおすすめです。

本棚に揃えるのは、興味のある本だけ

子どもの本を選ぶときのおすすめは、図書館を利用することです。まず図書館に行って、どんな本に興味があるのかを調べることから始めましょう。

興味をもったもののなかで、

「ずっと家に置いておきたいと思ったものはどれ？」

と聞いて、まずは1冊だけ購入してあげてください。気に入ったものであれば、子どもは本がボロボロになるまで読むでしょう。

また、本を読む楽しさがわかると、「次はこういう本がほしい」と本人から話をしてくるはずです。

もし何もいってこなければ、また図書館に行って、新しい本を選びましょう。本は、自宅で何度も読みたいお気に入りだけ購入すればよいのです。**図書館は、さまざまなジャンルの本が無料で読めるので、どんどん利用しましょう。**

本棚を整理するときのポイント

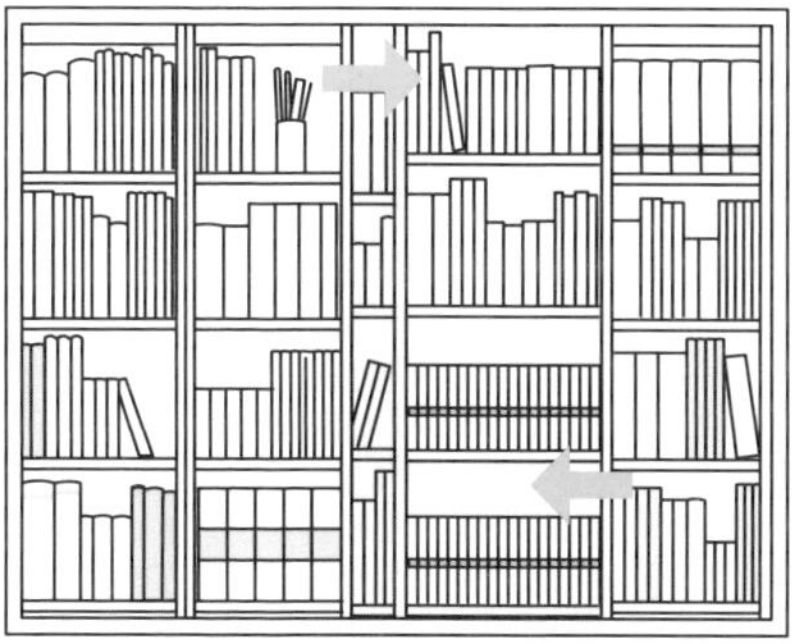

- よく使う本は取り出しやすい位置に置く
- 同じ分類の本は、そばに並べる
- マンガはあまり目につかず取り出すのが少し面倒な奥のほうに置く

図鑑や歴史漫画シリーズをかならずしも揃える必要はない　興味のある本だけ購入する

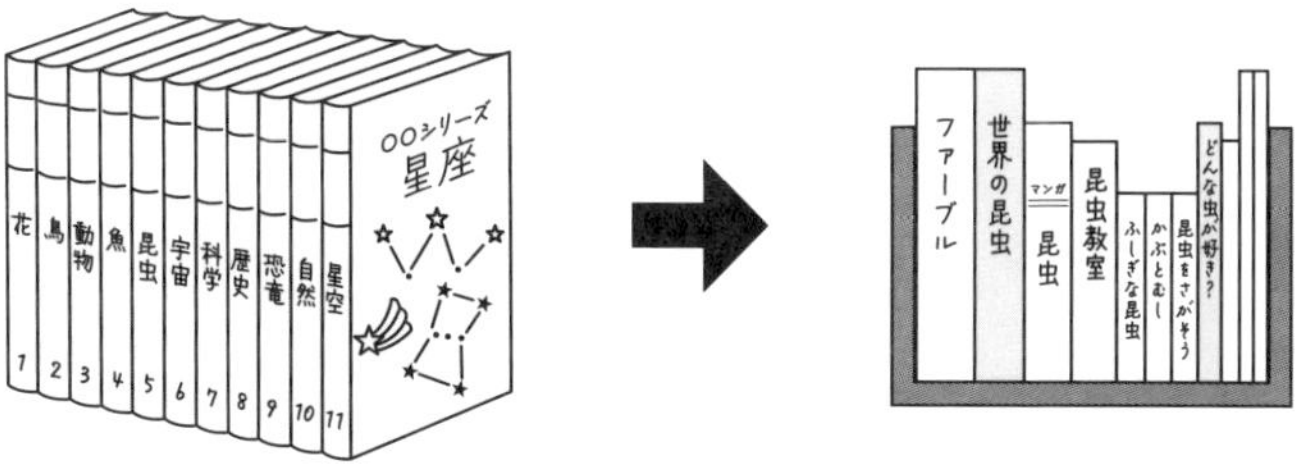

子ども用の本棚は図書館をイメージしよう

図書館は創意工夫された空間

子ども用の本棚の購入を考えているご家庭は、図書館を参考にしてみてください。不思議なことに、本を嫌いな子であっても、図書館に行くと本を手に取ります。図書館は、それほど本を読むために完成された空間なのです。

子ども用の本棚をご家庭に用意する際は、図書館の児童書コーナーをお手本にするのがおすすめです。

どのようなタイプの本棚がよいか、棚の中の本の並び順はどうするのがよいかなど、参考にしてみるとよいでしょう。

本を読みたくなる本棚のポイント

・扉がない本棚にする

扉を開ける手間で、子どもは本を読むこと自体を「面倒だ」と思ってしまいます。

・お気に入りの本は表紙を見せる

本はきれいに並べて、お気に入りのものを前にしたり、表紙が見えるように立てかけたりしましょう。そうすることで、子どもが手に取りやすくなります。

・ジャンルごとに置く

子どもが小学校の高学年や中学生になったら、本はジャンルごとにまとめましょう。そうすることで必要な本を取り出しやすくなり、整理整頓もラクになります。

本棚の場所は子ども部屋？　それともリビング？

本棚は子ども部屋とリビングのどちらに置いていますか？

結論からいうと、物理的な間取りの問題もあるので、どちらでもかまいません。

一般的には、スペースを確保しやすい子ども部屋に本棚を置くことが多いのではないでしょうか。

ただ、リビングに置くと、本が出しやすい分、子どもが本を読む頻度は上がります。

もし、本が好きな子で、「おかあさん、この本を読んで」といつももってくるような場合には、本棚とは別に、リビングに本を置く専用スペースをつくってあげるのもおすすめです。

「これを読んでほしい」と本人がよくもってくる本や、興味のあるジャンルの本をすぐ取り出せる場所に置いておくと、読書習慣が身につきやすくなります。

また、本の量が増えてくると、リビングも子ども部屋も雑然としてしまうので、子どもと一緒に、定期的に置いておく本を見直しましょう。子どもの興味や関心のあるものを把握することができます。

本棚と子どものわくわく感

【ＯＫ例】
子どもの気持ちがわくわくする
子どもが好きな本でいっぱいの本棚

子どもの好きな本で
いっぱいの本棚

【ＮＧ例】
子どもの好きな本はない

整然と並んでいて、
大人目線で美しい本棚

【リビングに置く本】
・よく使う本
・お気に入りの本
・子どもが興味関心を示している分野の本など

興味のあることを追求することで、やる気が上がる

子どもの勉強には、「親が学ばせたいものではなく、子どもが学びたいもの知りたいものを学ばせる」ということが重要です。

たとえば、わたしの下の子は、幼稚園から小学校低学年くらいの頃は爬虫類が大好きでした。当時は、爬虫類関連の本が家の中にどんどん増えていき、10冊以上の爬虫類の図鑑がいまも置いてあります。

爬虫類の本が5冊を超えたときに、新しい本がほしいのか聞いたところ、「いままでの図鑑には書いてないのが出ている」といっていたので、どんどん購入していきました。このように、子どもが好きなことをどんどん学べる環境を整えてあげることが、「子ども視点」の教育です。

好きなものを思い切り学ばせてあげるスタイルのほうが、子どものやる気が出て伸びていきます。

好きなものから、興味の幅が広がっていく

このように学んでいく子は、将来、爬虫類博士になるのでしょうか？

じつは、そうではありません。爬虫類に興味をもつと、その次は生物全般、理科全般……と、興味の範囲が広がっていくものなのです。

でも、現代の学校教育は、「ここは基本として知っておいてほしい」ということを、国語・算数・理科・社会と分類して教える方法をとっています。

また、子どもにできることとできないことがあると、多くの親御さんが、「それはもう十分できていて立派だよ。だから、もっとこっちをしなさい」と、とめてしまうケースも多いでしょう。

好きなことをとめると、子どもの才能（興味）もとまってしまうのです。そうではなく、好きなことは、とことん極められるように家族で応援してあげましょう。

なかなか難しいことですが、こうして振り切って「好き」を学んだ子ほど、どんどん伸びていきます。

「見える化」で子どものやる気を引き出そう

「見える化」で達成感が培われる

子どもの勉強のやる気を引き出すコツは、ズバリ「見える化」です。

「見える化」とは、自分がやるべきことを、いつも見える状態にしておくことです。おすすめは、子どもの目線に合わせて、「やることリスト」を家の壁やホワイトボードに貼る方法です。

そして、今日やることを書き出して、終わったら消していきます。終わったら消して、終わったら消して……という作業を繰り返すと、**残りの数が減っていくのが視覚的にわかるので、子どもたちも達成感を得ることができ、やる気が出やすくなります。**

おすすめの「見える化」の方法

- **その学年で習う漢字を全部コピーして貼っておき、習ったものは消していく**
  どこまで進んでいるのか、残りがどれくらいあるのかわかる分、達成感も味わえて、勉強へのやる気にもつながります。
- **日本地図を壁に貼り、行った場所にピンを刺したりして、印をつけていく**
  印が増えていく達成感があるので、やっていて嬉しくなる方法のひとつです。継続することで、地理や旅行への興味も増していくでしょう。
- **辞書で調べた言葉には、付箋をつけておく**
  付箋があることで、「自分は勉強している」という満足感が得られて、やる気が上がっていきやすくなります。

このように、「見える化」は、子どものモチベーションを上げるために、とても有効な方法です。ご家庭でも、ぜひ、できるところから取り入れてみてください。

「デジタル製品」は子どもの教育にプラス？ マイナス？

子どもは、場面に合わせてデジタル製品を使いこなせる

ご家庭で、スマートホームシステム製品はお使いですか？ スマートホームとは、自分のスマートフォンやスマートスピーカーを使って家電をコントロールすることによって、便利で快適な暮らしができる家のことです。

スマートホームが教育にプラスかマイナスかと聞かれたら、わたしは「とくに関係ありません」とお答えしています。

それは、人はラクなほうを自分で選べるものだからです。

たとえば、スマートホームは一見便利に思えますが、何をしてほしいのか声に出して指示する必要があるため、「自分で電気を消したほうが早い」という場合もあります。

ですから、子どもがスマートホームに頼りっぱなしになってしまうことはないでしょう。

テクノロジーを学習に上手に取り入れよう

テクノロジーが好きな子どもは多いので、わたしは個人的には、テクノロジーを取り入れていくことには、プラスの面が強いと感じています。

たとえば子どもが調べ物をするとき、ＡＩ音声認識アシスタントにいえばぱっと答えてくれる機能があるのです。ＣｈａｔＧＰＴなどのＡＩが入っていたりすると、もっと精度を上げて解答してくれるので、子どもの学習ややる気につながる可能性もあります。

親が答えられない質問でも、ＡＩならわかりやすく解説してくれる場合もあるので、上手に取り入れてみてください。

ただ、なかには悪いことを考える子も出てくるかもしれません。宿題をＡＩにやらせてしまうということがないように、注意しましょう。

調べ物は、紙の辞書と電子辞書、どっちがいい？

調べ物をするとき、紙の辞書がよいのか電子辞書がよいのかということも、よく相談される内容です。

「絶対、紙の辞書がいい。自分の手で調べたほうが頭に入る」と考えている親御さんも多く、わたしもこれまで、アナログの辞書で調べられるものから取り組んでくださいとお話しししてきました。

でも、最近は電子辞書やスマートフォンで調べるほうが簡単ですし、近年の中学生・高校生の多くは紙の辞書を使っていません。現代の子どもたちにとって、デジタルはそれほど身近なものになっているのです。

そして、紙の辞書から使い始めた場合でも、最終的にはデジタルの電子辞書を使うように変わっていくのです。

これは、車の運転免許のマニュアルとオートマチックのような差です。

マニュアル免許を取れば、マニュアル車もオートマ車も乗れるようになります。ところが、先にオートマ免許を取ってしまったら、その後マニュアル車に乗ることは難しくなります。

そもそも、マニュアル車に乗る必要がないのであれば、オートマ免許で十分ですよね。**つまり、紙の辞書から入れば、アナログとデジタルの双方を経験できますが、デジタルから入れば、それだけしか経験できないということです。**経験量の差がその後の人生で何か影響を与えることがあるかもしれませんが、大きな差が生まれるとは考えにくいでしょう。

現代は、子どもたちとデジタル製品は切っても切れないものです。

ぜひ、大人の意見だけを押しつけず、子どもが自分に合った使い方を見つけられるように、うながしてあげましょう。

寝室でゴロゴロ勉強してもいい!?

子どものやる気を下げる声のかけ方をしていませんか？

勉強でもっとも大切なことはなんだと思いますか？

それは、勉強したことを理解し、マスターしていることです。

ところが、多くの親御さんは、プロセスも整えようとして、子どものやる気を削いでしまっています。

たとえば、

・姿勢が悪いと注意する
・鉛筆のもち方を正そうと強制する
・「寝っ転がってダラダラしない！」と怒る

などです。

これらはたしかに間違ってはいません。わたしたち大人が子どもの頃に親から聞かされたことだと思います。

しかし、こういった細かい部分にこだわって子どもを叱っていると、本質を見誤り、**表面的な対応のみで子どもは勉強を嫌いになってしまうのです。**

姿勢やお箸のもち方も正しいことを教えてあげることは必要なことです。上手に教えてあげるといいでしょう。厳しくする以外の方法はないだろうかと考えてみてください。

どうしたら子どもがやりたくなるだろうかという視点を入れてみると、その子にあった方法が見つかるはずです。

うまくいかないからといって、細かなところまで叱りながら注意するのは控えましょう。

天邪鬼な子どもの気質を利用する

机に向かわなくても、できる勉強はあります。

たとえば、「文章を読み込む」ことです。

中学生になると中間テストや期末テストがありますが、どの科目であっても問題文を読み込む力が求められます。読み込む力をつけずに問題集をこなしたり暗記ばかりしていても、テストの点は上がらないでしょう。

定期テストは読み込み作業から入らないと高得点は取れないため、音読や黙読は非常に効果的です。

音読や黙読には頭を使う必要がないので、わたしはあえて、

「読み込み作業は、寝っ転がりながらやってみて」

と子どもたちに伝えています。

実際、寝っ転がりながらやってもいいのですが、子どもは天邪鬼的な性質をもっているのでそういわれると、逆にゴロゴロしなくなるものです。

無理をせずに、文章を読み込む力をつける方法

・寝っ転がりながら、文章を読む
・文章の内容を、理解しようとしない
・文章の内容を、暗記しようとしない

また、ゴロゴロしながら勉強する姿勢は、じつは体に負担がかかっているので、ずっと同じ姿勢ではいられません。ですから、思いきって、

「やりたいようにやってみていいよ」

と子どもの好きなようにさせてみましょう。

姿勢も鉛筆のもち方も、あまりにもおかしければ、親しい友だちから「それはおかしいよ」といわれて、自分から直そうとするタイミングがきます。

親御さんは、細かいところにばかり目を奪われないようにして、**「学んだことを理解して、マスターしているかどうか」というポイントを軸に、**子どもの成長を見るようにしましょう。

ほかにもあった！

自分から勉強する子に育つ家の工夫

Gさん

トイレの壁に学校でもらってくる子ども向けの新聞を貼るようにしたら、家族全員の共通の話題が増え、雑談の幅が広がりました。

テレビでニュース番組を見ると、ニュースに対して家族で意見を出せるようになり、社会や理科への興味も広がっているようです。大人と議論することが楽しかったり、大人が知らないことを知っているということが嬉しいため、もっと知りたいという気持ちにもつながっているのだと思います。

Hさん

カウンターキッチンのリビング側の空きスペースに棚を置いて、子どもの本を置いています。歴史マンガやサバイバルなどの本を並べたり、いつでも引き出せるように国語辞典、英語辞典も置いています。

国語辞典は手に取りやすくて自分から辞典を引いていた気がします。

あと、小4の娘より小1の息子が、歴史マンガをよく読んでいて歴史好きになりました。マンガの威力はすごい。

Iさん

勉強中に鉛筆をけずりたくなっても席を立たなくていいように、机に鉛筆けずりを置いています。引き出しのない机にしているため、整頓をするのは机の上だけです。その日勉強したい教科は本人に任せ、机の前は壁、右側は窓、左側にも家具を置いて集中できる環境にしました。

朝学校に行く前に家庭学習をしていたため、本人は窓からの日差しで目が覚めて、やる気が出るといっています。

筆記具などの定位置を決めておいたことで、片付ける習慣もつきました。

第2章

「早くしなさい！」といわなくても自分から動ける子になる家のしかけ

子ども視点から見た「時間の概念」を知ろう

子どもには「現在」しか存在しない

子どもがこれから社会生活を送っていくためには、「時間を守ること」を学んでいく必要があります。

でも、そもそも子どもには時間の概念がありません。過去・現在・未来という時間軸のなかで、子どもには「現在」しか存在していないのです。

子どもの時間の概念と特徴

・過去がない…学習したことが定着しにくい

・未来がない…未来への不安を感じないため、不安に対して備えることがない子どもたちが不安を感じるということは、「未来」という概念がわかってきている証拠です。**未来の概念がわかると、これから起こることを予想して、自分から動けるようになっていくでしょう。**

未来の概念が身につくには、10年以上かかる

子どもが成長し、未来の概念がわかる時期には、男女で差があります。

・男の子は中学校２年生の９月（夏休みが終わったあと）
・女の子は小学校５年生

個人差はありますが、ちょうど子どもが大人の体へ変わる頃に、時間の意識の変化も感じられることが、わたしの35年間の経験からわかりました。

そのため、わたしは中学校１年生の男の子を「小学校７年生」と捉えています。

「もう○年生なんだから、これくらいできるでしょう」

と、大人の基準で子どもの成長速度を決めつけないよう気をつけましょう。

子どもの時間軸に寄りそって考える

このように、基本的に子どもには、過去や未来の概念がありません。そのため、目の前の楽しいこと、おもしろいこと、興味があることにすぐ反応してしまいます。

たとえば、「出かける直前にゲームを始める」「時間が迫っているのに、のんびり準備する」といった行動をされると、

「うちの子は、時間にルーズで困る」

といいたくなってしまうかもしれません。でも子どもは、**時間の概念を学んでいる途中なのだと認識して接しましょう。**

口うるさく注意しなくても、時間の感覚が身につくしかけを家の中につくることもできます。たとえば時計を家のあちこちに置いて、子どもが時間を意識できるようにするというのもひとつです。本章で紹介していきましょう。

時計を家のあちこちに置く

家の中で子どもが「時間の概念」を学べるように時計を活用しましょう。

リビングやトイレ、子ども部屋などあらゆるところに時計を置いて自然と時間を意識できるようにしましょう。

子どもの学習時間は「体感時間」で考えよう

大人と子どもの体感時間には、倍以上の差がある

時間の感じ方には、大人と子どもとで大きな差があることをご存じでしょうか？

年齢の差と体感時間は、リンクしているといわれています。「ジャネーの法則」という言葉を聞いたことがある人もいるでしょう。年齢を重ねると自身の人生における1年の比率が小さくなり、時間が早く過ぎ去るように感じるというものです。

たとえば、40歳の親と10歳の子どもでは、年齢が4倍違います。そうすると、**親と子どもでは体感時間も4倍の差があるのです**。この法則はエビデンスが明確ではないという意見もありますが、そこまでのきっちりとした比率でなくても、年齢差のある大人と子どもでは時間感覚が異なるという経験はあるのではないでしょうか。

30分の体感時間の差（例）

①40歳の親と10歳の子ども（4倍）
親の体感30分間 ＝ 子どもの体感2時間

②40歳の親と5歳の子ども（8倍）
親の体感30分間 ＝ 子どもの体感4時間

このように考えると、子どもにとって、30分間の勉強がいかに長いかがわかるでしょう。年齢を重ねるごとに、体感時間はどんどん短くなります。これが老いるということなのです。

「うちの子は、なんでたった30分も机に座っていられないのか……」と思ってしまっている親御さんは、体感時間を計算して、「2時間も集中し続けるのは、大人でも難しいな」と考えてあげてください。

体感時間を意識すると、子どもへの接し方も変わっていきますよ。

時間の概念を学ぶために、家のなかで「時間を見える化」する

時計を家のあちこちに置く

子どもが時間の概念を学ぶときには、「時間を見える化」することがもっとも有効です。家のなかで時間の概念が学べるように、時計を活用しましょう。

大人はスマートフォンがあるとあまり時計の必要性を感じないかもしれませんが、子どもが時間の概念を学ぶときには時計が使えます。

リビングや子ども部屋、トイレなどあらゆるところに時計を置いておけば、いつも時計が目に入るので、自然と時間を意識できるようになるでしょう。子どもの背の高さから見やすい位置、見やすいサイズなどを意識してみましょう。

時計は、デジタルとアナログどちらがいい？

デジタル時計とアナログ時計には、どちらにも違う長所があります（１０５ページ）。それぞれの違いを知ったうえで、子どもが使いやすいほうを選ぶとよいでしょう。

年齢によっても使いやすいものが変わる場合もあるため、その子がやる気になる時計を確認して、用意してあげることが大切です。

「どっちの時計を使ったほうが、早く計算が終わるか試してみない？」と勉強をする前提で、声をかけるのもおすすめの方法です。

そして、よい結果が出たほうの時計を使うようにしましょう。

残り時間を「見える化」すると遅刻が減る？

親御さんが、子どもにとくに守ってほしいのは、幼稚園や保育園、学校に行く時間ではないでしょうか。

ところが、子どもたちには時間の概念がまだないため、

「もう○時だから、早くしなさい！」

といっても、効果はありません。

時間を守れるようになるために、子どもにまず必要なのは、朝起きる時間と夜寝る時間を意識させて、「もう時間がない！」と自分で気づける状態をつくってあげることです。

こういったときにおすすめなのが、タイマー機能のある時計です。

まだ時間がよくわからない子は、色のついた面積がだんだん小さくなるような、デジタル式の砂時計のようなものを使ってみるのもよいでしょう。

色のついた面積が小さくなっていくことで、

「あとこれくらいしかない、早くやらなきゃ」

と、時間を意識できるようになるのです。

このように、目に見える形で時間を学べるようにすると、自分で時間を意識して、スケジュールを進めることができるようになります。

それぞれの時計の特徴

【アナログ時計の長所】
・数字が読めない年齢でも、ビジュアルで時間がわかりやすい
・残り時間が感覚的にわかる

【デジタル時計の長所】
・ストップウォッチのように、時間をはかるときに便利

【タイマー機能のある時計の長所】
・残り時間が視覚的にわかる

リビングの時計は10分早めておく

時間は少し早めに設定するクセをつけよう

時間を守るために大切なのは、「ギリギリに設定しないこと」です。

これは、大人でも意識したいポイントですね。

たとえば、朝の時間に遅れないように、リビングの時計を10分早めておくのも有効です。

「8時になったから、急いで家を出ないと！」

と思っていたのに、実際には予定の10分前に家を出られていた……というように、遅刻がなくなっていきます。

ただ、この方法はそのうち子どもにばれてしまうので、

「あれ？　この時計の時間、間違ってるよ」

といわれてしまうかもしれません。また、時間がずれている時計に、

「10分早いから大丈夫」

と子どもが慣れてしまわないように注意しましょう。

期限を守る成功体験をつくろう

夏休みなどの長期休暇では、宿題が終わらずに最終日まで追われてしまう子も多いのではないでしょうか。

期限を守る必要がある場面は、大人になってからもたくさんあります。仕事の期限や園・学校への提出物の締め切り、家賃や光熱費などの支払い期限などでしょう。**重要な期限を守れない場合、生活にも影響が出てしまう可能性があるわけです**。ぜひ、子どものうちから、締め切りを守るクセをつけさせてあげましょう。

わたしの場合は、現在、連載記事の執筆を何本ももっているため、締め切りの期限を１週間前に設定しています。早めに設定することによって、１日２日延びても絶対

間に合うようにしているのです。

このように、大人であれば、自分で意識的に締切日の設定ができますが、子どもの場合は自分ではまずできません。最初は、大人が手伝ってあげましょう。

長期休みの宿題や提出物は、数日余裕をもって予定を立てることで、期限を守れるようになっていきます。

子どもが期限を守れるようになる方法

・余裕をもったスケジュールをつくり、リビングに貼る
・期限を守れたらポイントをつけてあげる
・期限より前倒しでできたら、ポイントをアップする

期限が守れるようになるとほめられますし、早く取り組むことで焦りがなくなり、いかに気持ちがラクにできるか体験できるようになります。

子どもたちは、こうした成功体験を重ねることで、自分から率先して時間や期限を守れるようになっていくのです。

子どもがスケジュールを守るための施策

【リビングに貼るスケジュールの例】

今週は
プリントと宿題を
毎日がんばる!!

8月1日 月	ポイント
プリント	3
宿題	3
花の水やり	2
かたづけ	

8月2日 火	ポイント
宿題	3
ピアノの練習	3
かたづけ	

8月3日 水	ポイント
プリント	
宿題	3
ふろそうじ	
スイミング	4

8月4日 木	ポイント
プリント	3
宿題	3
ピアノの練習	
洗いもの	3

8月5日 金	ポイント
プリント	3
宿題	3
シューズを洗う	3
本を借りる	

8月6日 土	ポイント
8時に起きる	3
犬のさんぽ	
1週間の復習	4

8月7日 日	ポイント
8時に起きる	2
学校の用意	2
時間割	3
スイミング	4
9時に寝る	3

合計ポイント 60

ポイント制については178ページで詳しく紹介します。

【リビングの時計は10分早めておく】

時間を守るためには締め切りをギリギリに設定しないこと。朝、家を出る時間に遅れないようリビングの時計を10分早めておくのもよいでしょう。

「まず宿題からやろう」はＮＧワード

ファーストステップを工夫する

前項までの「時間を見える化」する話に関連する、勉強における時間の使い方についても紹介しておきましょう。

せっかく1日のスケジュールを考えても、計画倒れになってしまうことはありませんか？　計画倒れにならないようにするポイントは、子どもたちが「やってもいいかな」と思えるものから始めることです。

たとえば、ピーマンが嫌いな子に、

「最初にピーマンを食べちゃいなさい！」

といったら、ひと口目が進まず、食事時間が長くなることが想像できます。

同様に、学校から帰ってきて、

「宿題しなさい！」

といわれると、宿題の内容にかかわらずやる気が落ちて、取り組むまでに時間がかかってしまうのです。

子どものやる気を下げないように、学校から帰ってきてすぐに「宿題をやりなさい」といわないように気をつけましょう。

「やってもいいものは何？」とたずねる

子どものやる気を引き出すには、言葉の使い方が重要です。

宿題をしてほしいときには、

「やってもいいものは何？」

と聞くようにしてください。**宿題のなかに子どもたちの「やりたいもの」はないはずなので、「やってもいいもの」を聞くのがポイントです。**

「漢字練習ならやってもいい」といったら漢字練習から、「音読ならやってもいい」

といったら音読から始めさせます。

また、23ページで紹介した間取りでは、学校から帰宅した後、玄関で宿題を終えてすっきりさせてから家のなかに入ることもあるという子が登場しました。そのように、家のなかのどこで宿題をするのがよいか、子どもに聞いてみてもよいかもしれません。

少し行動することで弾みがついて、次のステップに進んでもよいかなという思いが芽生えやすくなります。**はじめの一歩を踏み出せたら、その勢いでほかの宿題もこなせるようになっていくはずです。**

宿題が先かゲームが先か？

「宿題とゲームは、どちらが先ならよいでしょうか？」

という相談も、よく受けます。

ゲームを先にやりたい子どもに対して、勉強を先にやらせたい親のぶつかり合いは、どのご家庭でも起こっている「あるある」問題ではないでしょうか。

遊びが先か勉強が先かは、両方試してみることをおすすめします。

どちらが先か？ のチェックポイント

①勉強から始めて、あとで遊ぶパターン
②遊んでから、あとで勉強するパターン

・遊びと勉強は、両方とも終えられたか？
・両方とも終わっていたら、どちらのほうがより充実していたか？

２パターン試してみて、よりその子の充実度の高い方法を取り入れるとよいでしょう。親に無理やり決められたルールで、「勉強が先、遊びが後」といわれたら、子どもはダラダラして、ゲームする時間がどんどん減ってしまいます。

そのうちに子どもが怒り出して、親子ゲンカになってしまうのです。「先に宿題をしなさい！」と強制しすぎると、家族仲が悪くなってしまう要因になることもあるので気をつけてください。

勉強は「タスク」ではなく「時間」で区切ろう

ダラダラやる子には時間の感覚がないだけ

宿題に関するお悩みのなかには、「10分ぐらいで終わるはずの勉強を、うちの子は1時間かかってやっています」という相談も少なくありません。

これは96ページで紹介した通り、まだお子さんに時間の概念が育っていないことも要因のひとつです。

時間の概念を育てるために、「算数ドリルは毎回10分」というように区切って、10分の感覚を学べるようにしてあげましょう。

時間で区切るほうがやる気が上がる

勉強にひと区切りつけるとき、つい、

「このページが終わったらおしまいにしよう」

と声をかけてしまってはいませんか？

子どもの集中力が切れて、やる気がなくなっているときに、

「ここまで終わらないと休憩してはダメ」

といわれると、ダラダラしてしまって、いつまでも終わりません。その一方、

「10分がんばったら休憩にしよう」

といわれたら、

「10分だけならやっちゃおう」

という気持ちが働き、**決められた時間内でやるだけやるという習慣が身についていくのです**。

これは極端な例ですが、今日の勉強時間内に終わらなかったものは翌日にする、と割り切ってしまうのもひとつの手です。

「30分間」より「10分間を3回」のほうが進む

大切なのは、タスクベースではなく時間ベースで取り組むことです。

場合によっては、10分でおしまいといわれても、ぼーっとして何もせずに終わってしまう子もいるかもしれません。

でも、ぼーっと終えてもよいのです。

子ども自身が、やりきれずに終わっていることを一番わかっているので、やっていないことを繰り返していくと自分の無能さを感じます。

すると、どこかで自分から取り組み始めるようになります。

勉強をする場合の区切り方

× 30分間続けて勉強をする

◎ 10分間勉強×3回を繰り返す

10分勉強 ＋ 休憩 ＋ 10分勉強 ＋ 休憩 ＋ 10分勉強

この方法を通して、集中してやりきることや、時間の感覚を身につけられ、効率的に勉強できるようになっていくはずです。ただし、この10分は個人差があるため、単純に10分がいいと設定しないほうがよいでしょう。**5分しか集中できないのであれば、はじめは5分で始めていきます。**15分が可能なら15分で設定します。

子どもによって、また成長によって時間設定は変わりますので、どれくらいの時間がよいか子どもと一緒に調べてみましょう。

押しつけは百害あって一利なし

どんなことでも、押しつけになってはよくありません。

押しつけは百害あって一利なしです。親御さんのお悩みをよく聞いてみると、「しつけ」ではなく「押しつけ」になっていることで、うまくいかなくなっているケースが多々あります。力学の法則通り、押しつけにはかならず反作用が起きます。

反作用は、何年か経ったあとに倍返しで向こうからくるので、注意したほうがよいでしょう。

スケジュールも家のなかで見える化しよう

スケジュール管理は家族で楽しみながら取り組む

「子どもの忘れ物が多い」

という相談が、わたしのもとにたくさん寄せられます。忘れ物対策に有効なのは、スケジュールの見える化です。**日々の忘れ物を防ぐために、玄関に忘れ物チェックシートを貼るのもおすすめです。**

見えるところに置いて、いつでも簡単にチェックできるようにすることで、もち物を確認する習慣が身についていきます。

そのほかにも、リビングにホワイトボードを置き、スケジュールを見える化するのもよいでしょう（121ページ）。

このとき、親御さんは、

「すごいね、とてもがんばってるね」

と子どもをほめてあげてください。きょうだいがいる場合、おにいちゃんやおねえちゃんがほめられているのを見て一緒に取り組み出すかもしれません。

スケジュールは、やらなくてはいけないものではなく、遊び感覚で楽しく行うものだ、という雰囲気をつくり出せたら大成功です。

ポイント制で子どものモチベーションが上がる

子ども用の手帳などを使って、やることを見える化するのもおすすめです。

達成したらポイントが入るというしくみは、子どもにとってとても嬉しいごほうびです。幼稚園や保育園では、登園するとシールやスタンプがもらえるところがありますが、シールやスタンプが増えていくことが、子どもにとって大きなモチベーションになります。

他にもたとえばリビングに表を貼って、

「朝7時に起きられたから、シールをひとつあげるね」

「夜22時までに寝られたから、ポイント1点。たくさん増えたね」

と、シールやスタンプが増えるのを家族でチェックしていくのも楽しいでしょう。

ポイント制については4章178ページで詳しく解説します。

勉強の習慣をつけるためには「例外の日」をつくらない

出かける準備や早寝早起き、歯磨き、宿題など、子どもが自主的に動けるようにするには、毎日の習慣をつくるところから始めましょう。

習慣化のコツは、例外の日をつくらないことです。つまり、起きる時間や寝る時間、歯磨きをするタイミングなどを一定にするのです。

また、勉強であれば、土曜日や日曜日も5分でもよいので、「やった」という実績を残すようにしましょう。人は誰でも、インターバルをおくと再開するのに大きなエネルギーが必要になり、なかなか取り組めなくなってしまいます。やらないほうが、なんだか落ち着かない……となるくらい、日常に組み込んでいってください。

低学年のやることリストの例

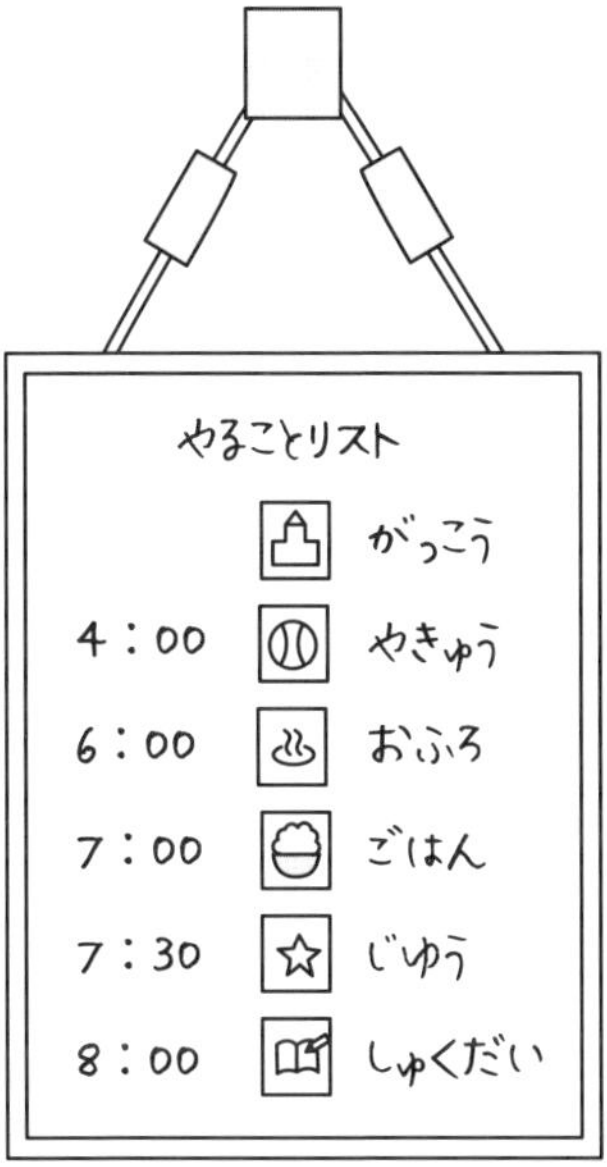

低学年は１日の流れを見て時間管理ができるようになる練習をしましょう。

スケジュールの見える化は、ゲーム感覚で取り組む

小学3年生からは、自分でリストをつくる

リビングなどに貼る「やることリスト」は、子どもに自分でつくってもらいましょう。

「やることリストをつくるのが大変……」

という相談を時折親御さんから受けますが、大人がつくってあげるのは、未就学児と小学校低学年までで十分です。

小学校低学年までは、1週間の予定が少ないので、リストの作成もチェックもそこまで負担にならないはずです。

ところが、小学3年生以降は、習い事も増え、宿題やもち物にも変化球がたくさん出てきます。

親が書いていては大変なので、子ども自身がスケジュールを把握するためにも、本人にやってもらったほうがよいでしょう。

その際、**子どもに自分で書きなさいというのではなく、「自分で書けたらポイントが入る」という設定にする方法もあります。**それでも自分で書くことが難しければ、項目だけ書いて、チェックリストのような形にすれば、書く手間も省けます。

やることリストの書き方

・やることは、「宿題」といちいち漢字を書かなくてもすむように、本のマークなど記号でもよい
・自分で書けたらポイントアップでもよい
・予定がどれだけこなせたか1週間で集計し、計算があっていたらさらにポイントアップするでもよい
・記入が難しければチェックリストのような形で◯をしたり、シールを貼るなど簡単な方法にしてもよい

子どもが乗り気でないときは、

「予定を書かなくてもいいけれど、その分ポイントは入らないというだけね」

といって、ゲーム感覚で取り組んでもらうのがうまくいく秘訣です。

もっと子どもの力を借りよう

「やることリストを自分でつくりたくない！」

という子の場合、まだそのタイミングではないのでしょう。最初は**「夏休みや冬休みの間だけ」「1学期だけ」など、期間限定で試してみるのもよいですね。**

「親がしてあげないといけない」という考え方では、いつまでも親が介入しなくてはいけない状況をつくってしまいます。子どもの成長に合わせながら、「子どもができることは子どもの力を活用する」と気持ちを切り替えていきましょう。勉強や生活習慣の改善は、親だけでなく子どももがんばる必要があるのです。

おとうさんもおかあさんも、本当にみんながんばっています。だからこそ、もっと子どもの力を借りてよいのです。

高学年のやることリストの例

やることリスト

月	・宿題 ・ピアノの練習
火	・宿題 ・家の手伝い（お風呂そうじ） ・漢字ドリル
水	・宿題 ・スイミング
木	・宿題 ・読書 ・家の手伝い（洗たくものをたたむ）
金	・宿題 ・英語の塾
土	・自由
日	・明日の準備 ・お花の水やり

高学年になったら1週間の流れを自分で管理できるように練習しましょう（時間の設定があったほうがやりやすい場合は時間もいれてください）。

リモートワーク中、家で子どもとどう過ごす？

子どもが主体的に勉強するための「ガイドライン」

多くの企業でリモートワークができるようになったことで、自宅に親がいて、仕事をする日もあるというご家庭が増えました。

おとうさんおかあさんがリモートワークをしているご家庭では、家のなかにはいるものの、子どもにばかりかまってはいられないため、関わり方に悩んでいる人も多いようです。

子どもが主体的に勉強するには、次のような「ガイドライン」をつくる必要があります。

勉強するためのガイドラインのつくり方

①「まずこれをして、終わったら次にこれをして、その次は……」とガイドラインをつくる

②子どもに実際に取り組んでもらう

③「わからないところには、ふせんを貼っておいてね」とあとで確認できるようにする→親は休憩時間の間や仕事のあとに、子どもの質問にまとめて答える

子どもが勉強していなくても怒らない

ここでもっとも重要なのが、ガイドラインを決めたのに子どもがやっていなかったときの接し方です。

つい怒りたくなっても、ここで叱ってはいけません。

「このやり方が合わなかったんだな」

と気持ちを切り替えて、どうやったら勉強できると思うか、子どもと相談することが大切です。

おとうさんおかあさんが、自分のために一生懸命考えてくれているということが伝わると、子どもも「この方法でやってみよう」という気になっていきます。**強制せず、叱らず、子どもに寄り添って勉強を教えることで、子どもは主体的に勉強する習慣を身につけていくのです。**

逆に、怒ってしまうと、ますます勉強しなくなり、親子関係も悪化してしまうでしょう。

「この子はわたしが横についていないと勉強しないんです」

「リモートワークをしながら勉強をみるのは大変で……」

と悩んでいる人は、まず子どもが勉強しないことを怒らないよう意識してみてください。

リモートワーク中は子どもと別々の空間をつくる？

大人が仕事をする場所と子どもが勉強する場所を分けるかどうかも、多くの親御さんが悩むポイントです。

物理的に可能であれば、空間は別々に分けるようおすすめしています。

その理由は、子どもと一緒にいると、親御さんの集中力が低下して、パフォーマンスが下がり、仕事が長引いてしまい、イライラする可能性もあるからです。

とはいえ、子どもの年齢や性格によっては、

「目を離しておくと何をしでかすかわからない」

「寂しがってしまうから難しい」

というケースもあるので、家族の様子を見ながら決めてください。

25分ごとに様子を見に行く

リモートワークで働いているご家庭には、親御さんの時間の使い方についてもお話しししています。

「ポモドーロ・テクニック」というイタリアのフランチェスコ・シリロ氏が発見した法則をご存じでしょうか？

これは、集中する時間と休憩時間を短く繰り返すことで、仕事の生産性を上げるという時間管理術です。

例

仕事の場合：仕事25分 ＋ 休憩5分 を繰り返す
勉強の場合：勉強20分 ＋ 休憩5分 を繰り返す
（子どもの場合、20分は目安で子どもの特性に合わせて調整してください）

もし、仕事の時間を自由に区切れるのであれば、「ポモドーロ・テクニック」を試してみてください。

25分くらい短い間隔で子どもの様子を見に行くことで、別々の空間に分かれていても、そこまで離れている感じがしなくなるはずです。

ここまでのお話は、親御さんにとって、難しい部分も多々あるでしょう。

でも、そうしなければ、お子さんの勉強との両立は先へ進めないので、ぜひ考えてみてください。

ポモドーロ・テクニック

「ポモドーロ・テクニック」を考案したフランチェスコ・シリロ氏が時間管理をするために使ったキッチンタイマーがトマトの形をしていたため、ポモドーロ（イタリア語で「トマト」）という名前がついた

まだあった！

自分から勉強する子に育つ家の工夫

Jさん

保育園から低学年のころは家のなかの日本地図のポスターが重宝しました。子どもが問題を出し両親がクイズに答える遊びをしていました。小さいときはひらがなの路線図や日本地図を貼り、長男は親と競争すると異常に燃えて勉強するタイプです。妹はシールやスタンプで自分で進捗管理するのが好きなタイプなので、それぞれのタイプに合わせて勉強しやすい環境を整えています。

Kさん

リビングテーブルと子ども部屋の学習机のどちらを使ってもいいように自由にしています。リビングテーブルは、つねに何も置かない状態をキープしていました。

長時間の勉強には、食卓イスでは高さが合わないため、学習机で使用しているのと同じ椅子をもうひとつ購入し、椅子の高さを調整。リビングテーブルでもストレスなく学習ができるようにしています。

Lさん

目が悪くならないように、持ち運びの卓上ライトをかならずつけるようにしました。子どもが自分で運べるように軽いものを使用しています。

また、メモリがはっきりみえるタイマーを購入し、15分でセットし、15分勉強、15分休憩を繰り返すようにしています。15分で終わらない場合は、本人に聞いて、次の勉強15分で続きをやります。疲れているなと感じたら、適度に休憩を長めにしたり、勉強を切り上げたりしています。15分がんばれば、そのあと15分休めるので、本人のやる気も集中力も上がりました。

第3章

子どもの やる気を高める コミュニケーションを生む 家のしかけ

リビングで家族のコミュニケーションを増やそう

家でのコミュニケーションが、子どもを安定させる

親子のコミュニケーションが円滑になるほど、子どもの気持ちは上がり、安定していきます。

本章では、家のなかで家族の時間をもち、コミュニケーションが活性化する方法についてお話しします。

家族の時間を充実させるために大切になるのが、リビングで過ごす時間です。

リビングでは、テレビの扱い方が大きなポイントになります。

テレビの使い方は、ご家庭によってさまざまです。最近では、「テレビは置いていません」

「テレビの代わりに動画を観ています」

という声も増えていますが、まだまだテレビを観ながら食事をしているご家庭も多いのではないでしょうか。

ご家庭によって、「テレビはないほうがいい」という意見も「テレビがあったほうがいい」という意見もあるので、それぞれのメリットデメリットを知ったうえで、考えてみてください。

テレビに夢中になって、会話が減ってしまうのはNG

テレビの置き方によって、リビングでの会話量は変わります。

子どもがテレビに夢中になりすぎると、子どもの食事を食べる手がとまってしまったり、家族との会話が減ってしまったりとよくない影響をもたらしがちです。

あるご家庭では、おとうさんが「Ｔｈｅ昭和の人」というタイプで、

「ごはんのときは一切口をきくな」

という指導をされていました。

わたしは、食事は会話をしながら楽しむものという認識をもっていたので、個人的にはとても驚きました。それぞれ家庭によってルールがあることでしょう。食事中に会話をすることが絶対ではないように、考えてみると、テレビを観る時間とごはんを食べる時間がイコールである必要もありません。

もし、食事中にテレビを観せないようにしたい場合は、食卓からテレビが見えないように、角度を変えるのもひとつの方法でしょう。子どもが食事中に座る席からはテレビが目に入らないようにし、テレビをつける発想にならないようにするのもよいでしょう。

反対に、食事をしながら家族でテレビを観たいというご家庭の場合は、全員からよく見える位置にテレビを配置してみるのもよいでしょう。家族のコミュニケーションが活発になるきっかけになるかもしれません。

テレビを通して、親子共通の話題が生まれる

デメリットがある一方で、テレビには、親子で共通の話題がつくれるというメリットもあります。

我が家は大学生と高校生の男の子がいるのですが、よく歌番組を観ながら盛り上がっています。また、最近の歌番組は、若者から年配の方まで楽しめるように工夫されているので、母と息子の話題づくりにも役立っているようです。

共通の話題がなければ、コミュニケーションは活発になりません。

親子の会話のきっかけづくりに、テレビをうまく活用するのもひとつの方法です。

マンツーマンで勉強を教えるときの理想の座り位置とは？

親子間でも「L字型」がベター

勉強を教えるときは、ついつい親が上から目線になってしまうものです。**威圧感を少しでも減らすために、座り方を工夫するのもおすすめです。**

左ページの③のL字型が、もっとも心理的に威圧感を感じにくいといわれています。ただ、L字型は、初対面の人、面接の際などにとくに効果を発揮する方法ですから、親子の信頼関係の度合いや、その子の好みによっても反応は異なるはずです（子どもが親の圧を感じてしまっている場合は、L字型は効果的です）。

座り方も、これがよいと決めつけず、子どもが安心して勉強できるように、様子を観察しながら大人の座る位置を変えてみましょう。

勉強を教えるときの座る位置

【① 親が横に座る】

【② 親が正面に座る】

【③ L字型（90度の位置）に座る】

③のL字型が、もっとも心理的に
威圧感を感じにくい

「いつもと違うから、L字型はなんだか落ち着かない」

「横に座られると、気が散るから嫌だ」

「大人が正面にいると、攻撃されるような気がして怖い」

　というように、子どもが落ち着かない場合は勉強がはかどらなくなってしまいます。

　口頭で上手に説明ができない年齢の子であっても、反応ですぐにわかるはずです。それぞれの子どもが安心して勉強できる位置を探してみましょう。

勉強に「フリーアドレス制」を導入しよう

ラックを使って、自由に場所を移動する

「うちの子は集中力が続かなくて……」

とお悩みのご家庭は、環境をどんどん変えて、子どもが飽きずに取り組めるしくみを取り入れてみましょう。

最近のオフィスでは、「フリーアドレス制」を導入するところも増えてきているので、子どもたちが勉強するときも、ぜひ、この「フリーアドレス制」を活用してみませんか？

フリーアドレス制とは、固定席をもたずに好きな席で働くワークスタイルのことです。

勉強にフリーアドレス制を取り入れる方法

・自分専用のキャスターつきのラックやトレーを用意する
・ラック（トレー）のなかに勉強に使う筆記用具などを入れておく
・教科書やプリントもまとめて保管する
・リビングや子ども部屋などに、ラックが移動できる空間を準備する

「今日は気分を変えてここでやろう」

「今日から、フリーアドレス制にしよう」

と場所を移動して取り組むことで、気持ちが乗ってくる子どもも多いので、ぜひ試してみてくださいね。


リビング学習では、ダイニングテーブルの上に自分のものをずっと置きっぱなしにしてしまう子もいるので、「共用の場所を使うときはきれいに片づける」という習慣が身につけられるように、家庭内でもうながしましょう。

整理整頓を学ぶうえでも、「フリーアドレス制」の導入はおすすめです。

きょうだい全員が落ち着く環境を見つけよう

冒頭14ページで紹介しましたが、きょうだいが多い場合は、1台の机をみんなで共有しているご家庭もありました。これはフリーアドレス制の変化版のようなものです。このご家庭では、学習机を共用にしたことで、お子さんたちが机の上をかたづけられるようになったそうです。きょうだいがいる場合は、相手の様子に左右されることもあるので、できるだけお互いにとってよい環境を整えてあげましょう。

きょうだいで勉強するときの例

× 部屋や勉強道具の使い方で、ケンカしてしまう

× やる気の出ない子につられて、みんながグダグダになってしまう

↓場所や時間などを変える提案をする

◎ みんなが集中して勉強する、図書館や自習室のような空間になる

↓この空間が維持できるように、まわりを整える

きょうだい全員が落ち着く環境を探す

1台の机をみんなで共有するフリーアドレス制変化版（16ページ）

場所を移動しやすいよう勉強で使う道具は移動式キャスターにまとめておくなど

「ずっと同じ場所がいい」という子の場合は、無理に移動する必要はありません。

フリーアドレス制にする場合も、ご家庭によって一長一短があるはずなので、子どもたちに本当に合っているのか、いろいろなパターンを試してみてください。

リビングに子どもの勉強スペースをつくる

勉強道具一式はすぐ出せるようにしておく

たとえば子ども部屋があるご家庭の場合、勉強道具は自分の部屋、ゲーム機はリビングに置いてあるご家庭が多いのではないでしょうか。

でも、これでは、勉強道具を取りに行くのが面倒になってしまいます。とくに図鑑や辞典などは、出すのが面倒だと使わなくなってしまうため、手の届きやすいところに置くようにしましょう。

勉強道具一式をリビングに置いておくと、気が向いたときにすぐに始めることができるので、おすすめです。

ただし、整理収納のことを考えると、リビングに子どものものを置いておけないというご家庭も多いでしょう。
そのような場合は、リビングの一角に、勉強用具を入れるトレーを用意してあげるのがおすすめです。トレーをもって移動するだけでよい状態にすると、大きな手間にならないので、勉強のやる気も下がりにくくなりますよ。

リビングに用意する勉強用トレー

・文房具とドリルなど、日々のルーティンワークになっているものを入れておく
・勉強が終わったら、一式をトレーに入れて、元の場所に戻すだけ

勉強用トレー

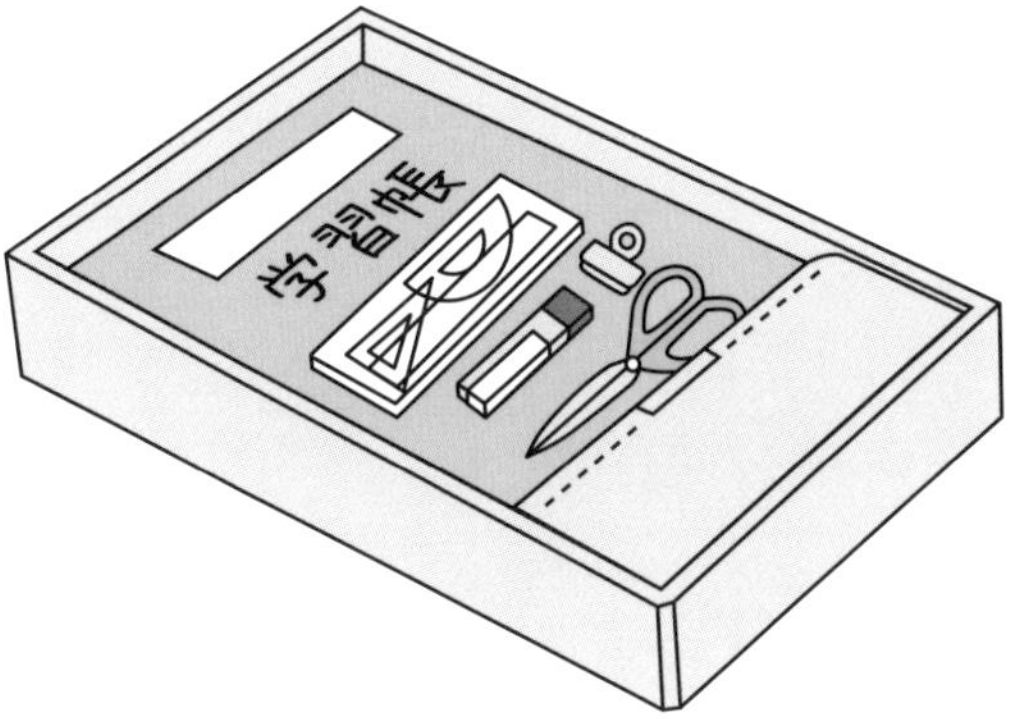

勉強を習慣化するルーティンを見つけよう

自分のやる気を上げるルーティンを探す

これまでにもお話ししましたが、人は、いきなりモードを切り替えることができません。大人であっても、朝は仕事のメールチェックから始めるなど、最初は簡単なものから始めてだんだん調子を上げていくものです。

111ページでも、子どもに「やっていいものは何?」とたずねることをおすすめしました。

「何ならやってもいいか?」

という答えは、人によって異なります。**いかにハードルを下げて初動を起こすのか、その子に合った行動を探しましょう。**

勉強をする際の初動をつくる

・国語と算数があるなら、「やってもいい」と思えるほうから行う
・(たとえば最初に)漢字ドリルの読みから始める(簡単な方法から)
・(たとえば最初に)計算ドリルを1枚こなす

たとえば、トップアスリートの人は、ルーティンをうまく活用して自分のモチベーションを上げています。

元プロ野球選手のイチロー氏は、バッターボックスに入る前に行う際のルーティンが有名でしたが、一連の動作をしてバッターボックスに入ることで、自分の気分を上げていたのです。

わたしの場合は、最初に漢字の問題集を解くことで気持ちが勉強モードに切り替わっていたので、中学3年間は、ずっとそれを習慣化していました。

このように、**初動をスムーズに起こせるようなルーティンが見つかると、勉強の習慣が身についていきます。**

■「勉強する環境づくり」から始めるのもおすすめ

勉強を始めるときは、漢字の読みや書きとりなど、「頭を使わない簡単なもの」から着手するのがおすすめです。それでも難しい子の場合は、「これをしたら勉強する」という気持ちを勉強に向けるためのルーティンを試してみてください。

勉強する前のルーティン例

・机の上をかたづける（漫画やゲームを置かない）
・部屋を整える
・課題のノートと教科書を開いて置いておく
・おやつを食べ終わったら勉強する

どんな行動でもかまいませんので、モードを切り替えやすいルーティンを探しましょう。

もしかしたら、教科書とノートを開いても、すぐに勉強をする気が起きないかもしれません。でも、それでよいのです。**まずは、やる気が出たときに、「席に着いたらすぐ始められる環境」をつくっておきましょう。**

基本的に、子どもたちは「勉強すること」も「勉強のための準備をすること」も面倒なので、準備だけでも先にしておくと、ハードルがぐんと下がるはずです。

小さな達成感も、積み上げると勉強をする弾みになるので、試してみてください。

勉強しやすい環境を整えてあげるのも親の務め

隣に座って勉強をみることだけが教育ではありません。準備やかたづけなど、勉強ができる環境を整えてあげることも大切です。

また、子どもがまだ未就学児の場合は、親が「この子はこうしたらやる気が出る」というポイントを見つけて、環境を整えてあげてください。

どうしたら子どものやる気が上がるのか、大人が一緒に考えることも、勉強の取り組みには必要なのです。

少し大きくなって、自分でできるようになったら、ルーティンが主体的に勉強するきっかけになっていきますよ。

親子の信頼関係は日常会話で築いていく

子どもの話を聞いてあげていますか？

勉強をする時間のなかで、親子の信頼関係を築くのは難しいものです。

それは、「教える人」と「教わる人」という上下関係ができてしまうことで、親子間で不和が生じるからです。

江戸時代の日本では、「親が上、子どもは下」という武家社会の封建制度の考え方が当たり前でしたが、現代の子どもは「親子はフラットな関係」だととらえています。

すると、

「なぜ上でもない人間から、上から目線でいわれなくちゃいけないんだ！」

と反発心が生まれてしまうのです。これは、時代の流れと受けとめるほかありません。

「宿題しなさい！」

と命令形で話してしまうと、子どもは反発したり、萎縮したりしてしまうので、信頼関係を築きにくくなります。上から目線の関わり方では、どんどん関係性が悪くなってしまうのだと、知っておいてくださいね。

信頼関係を構築するには子どもの話を聞くこと

信頼関係の築き方は、大人も子どもも変わりません。

たとえば大人の場合、会社の上司と部下は、休憩時間などの何気ない日常会話から信頼関係を構築していきます。

親子関係も同じように、上下関係が生じない話題（天気の話、食べ物の話、ゲームの話、好きなこと・興味のあることの話など）**のほうが、コミュニケーションも活発になるのです**。親子の信頼関係は、日常会話の頻度に応じて構築されるといわれています。

子どもが親に、自分の興味関心のあるテーマを話す時間をつくることが大切です。

親は聞き役として、子どもの話をたくさん聞いてあげましょう。

会話のテーマと親子の信頼関係の構築

× **勉強の話**

親が上から目線で話すため、子どもの口数が減り、親からの一方的なコミュニケーションになりがち

◎ **日常会話、興味関心のある話**

子どもの話（食べ物の話、ゲームの話、好きなこと・興味のあることの話など）を親が聞いてあげることで、子どもの心が安定し、信頼関係を築くことができる

リビングの滞在時間を長くする

子どもとの日常会話を増やすには、まず同じ空間で時間を過ごすことから始めてください。

そのためには、**リビングをみんなが集まる居心地のよい場所にすることが大切です。**

134ページでもお話ししていますが、椅子の座り心地などにもこだわって、子どもの滞在時間が長くなるように工夫しましょう。

そして、子どもが話すことを聞いてあげてください。

いわゆる思春期といわれる手前ぐらいまでは、会話の内容は雑談中心のほうがよいでしょう。

また、思春期以降は、あまり子どもから話をしてこなくなります。

これは成長の過程で、子どもの「話したい相手」が親から友人に変わっていくためです。

ただ、それまでに親子の信頼関係を構築できていれば、子どもが中学生・高校生になって会話の頻度が減っても、向こうから話しかけてくれる習慣を保てるはずです。

そうなるためにも、リビングを長居したくなるような居心地のよい空間にして、親子の会話が弾む場にしましょう。

つい長居したくなるリビングをつくるコツは次項目で紹介します。

ひきこもりがちの子とは、リビングでコミュニケーションをとる

リビングをファイブスターホテルのラウンジに

わが子が子ども部屋に居心地のよさを感じているなら、子ども部屋が安全地帯になっていて、自分のエネルギーがきちんとチャージできているという証拠です。

一方で、子ども部屋の居心地がよすぎて、ひきこもりがちになってしまっては心配ですよね。しかしだからといって、子ども部屋の居心地をあえて悪くするわけにはいきません。

ひきこもる子どもにもさまざまな状態があるので一概にはいえませんが、子どもがリビングに滞在する時間が短く、親子のコミュニケーションがとれないことは大きな問題です。

ですから、**まずはリビングの滞在時間が増えるように、ファイブスターホテルのラウンジの居心地のよさを目指しましょう。**

リビングの居心地をよくする秘訣

- 観葉植物やお花を置く
- 心地いいBGMをかける
- アロマやお香などの香りを使う
- 照明を暖かな暖色系に替える
- 座り心地のよい椅子を用意する

このような空間演出をすると、人は五感を刺激され、無意識のうちに心地よさを感じて心がほっとします。

視覚・聴覚・嗅覚……さまざまなアプローチを試してみて、一番心地よく感じる空間をつくりましょう。とくに花は、部屋の奥のローテーブルに1輪あるだけでも気分が上がるので、ぜひ試してみてください。

ほかにも、もしペットを飼っているなら、リビングがペットの定位置になるように工夫してみてください。動物がいると、自然にリビングに滞在する時間が増えるはずです。

リビングは家族が集まる共有スペースです。

ひきこもりがちな子どもがいるご家庭や、親子の会話が少なくなってきていると感じるご家庭では、子どもたちのリビング滞在時間が短い傾向があると思います。

家族間のコミュニケーションを増やすためにも、リビングをファイブスターホテルのラウンジのような、居心地のよい空間に変えていきましょう。

思春期、反抗期も居心地のよいリビングが活躍するかも

思春期や反抗期を迎えるときにも、このファイブスターホテルのようなリビングは役立つはずです。

五感に訴えかける心地よさは、無意識にリビングの滞在時間を伸ばすだけでなく、親子の会話を増やしてくれるかもしれません。

思春期や反抗期で「家族と一緒」を嫌がる子どもでも、ちょっとリビングに飲み物をとりにきたとき、トイレに行ってリビングを通るときにも、そこが居心地のよい空間だと家族と一言二言かわしていくかもしれません。

もちろん、思春期や反抗期には、子どもが小さかったときの距離感とは変える必要もあります。子どもの気持ちに合わせて、適切な距離をとっていきましょう。

長居したくなるリビングをめざす

リビングを整えることで、親の気持ちも整えよう

リビングが整うと親子ゲンカが減る？

思春期・反抗期の子どもは、大人の対応次第で、反発が激しくなったり収まったりします。

じつは、子どもがイライラしているから反発されているのではなく、大人がイライラした対応をするために、子どもが荒れてしまっているというケースも少なくないのです。

いつも子どもとケンカが絶えないという場合、家のなか、とくにリビングが荒れていないか確認してみてください。

これまでに解説した、**「リビングをファイブスターホテルのラウンジのような居心地のよい空間にする方法」は、親側の心を落ち着かせる効果もあるのでおすすめです。**

リビングは、一番親子ゲンカが起こりやすい場所なのですが、まさかファイブスターホテルのラウンジでは大声を出してケンカしたくありませんよね。

きれいに整った場所は、心を落ち着かせるだけでなく、感情的になりすぎないための防波堤にもなってくれるのです。

花を飾り、アロマを焚いて、BGMをかけることで、親御さん自身がお気に入りのソファーでくつろぐ時間をとりましょう。

たとえば一度座ったら立ち上がりたくなくなるような、心地よい大きなビーズクッションを置くのもよいかもしれません。大人の心にゆとりができると、反抗期や思春期の子どもへの接し方にもよい変化があらわれるはずです。

子どもを「見守る」距離をとる

「見守る」のと「口を出す」のは、まったく別物です。でも、多くの親御さんが子どもを見守っているつもりで、口を出してはいないでしょうか？

口を出してもよいのは、命に関わるような場面だけです。小さいときは危ないので目を離せない時期もありますが、思春期になったら、そこまでじっと見ている必要はありません。

たとえ、子どもを視界に入れていなくても、

「困ったときはいつでも助けるよ」

と思っていることが見守っている状態になるのです。

あえて視界に入れないことも必要

もしも、現在わが子が中学生・高校生で、

「また、スマホばかり見て……勉強しなさい」

と口を出したくなってしまうなら、親御さんの視界から、物理的に見えないようにするほうがお互いによいかもしれません。

子どもが目に入ると、どうしても気になってしまいますし、口を出したくなってしまうからです。

そもそも、子どもが小学生にあがったら、未就学児ほどの命の危険はないので、部屋を分けることを考えてもよいでしょう。

部屋を分けることが難しい場合は、パーテーションで区切るなど、視界に入らない方法を考えてみてください。

親がイライラしない部屋づくりをすることで、家庭全体も落ち着いていきます。

パーテーションの使い方例

家族会議を開くのに適した場所は？

家族の大事な話をする機会をつくる

「家族会議」を開いたことはありますか？
家族において重要事項を話す機会、これが家族会議です。

家族会議で話すテーマ

・受験をどうするのか
・進路をどうするのか
・スマホやゲームの使い方について
・勉強の仕方について

我が家の場合は、ふだんの会話だけでは足りないことを根本から話し合いたいとき、どうしていくか今後のことを決めたいときに、家族会議を実施しています。

家族会議は外よりも自宅のリビングで行う

子どものことがテーマであっても、子ども部屋に入るのは、子どもの聖域に踏み込んでいる感じがするので避けたいところです。

とはいえ、レストランなどでは、周囲の目もあるので話しづらいはずです。

ですから、**家族会議を行う際は、自宅の家族共用空間であるリビングで、お菓子やお茶などを用意して、場を和ませながら行ってください。**

- **説教のような雰囲気にならないように注意すること**
- **親または子どもが感情的になってしまったら、日を改めること**

この2点に気をつけて、話し合いましょう。

レイアウトを変更したいのに、夫婦で意見が合わないときは？

「報告」と「相談」の仕方を工夫するだけで衝突がなくなる

自宅のレイアウトや間取りの変更をしたいとき、大きめの家具を購入するときなど、夫婦間で意見が異なることもあります。

意見が異なるたびに話し合いをしていては、時間も気力もなくなってしまいます。ですから、**お金のかからないことからさり気なく、そっと取り入れてください**。

家のちょっとしたレイアウト変更や小さな家具の購入、お花を一輪飾ることなどは、高額でなければ相手の許可のいらない範囲ではないでしょうか。

一方、後々もめないように、生き物の飼育や高額な家具の購入などはかならず相談しましょう。

このとき、意見が異なるとわかっている場合は、

「わたしはこれがいいと思う」

といった感覚的ないい方を避け、

「一般的にこれがいいといわれているらしいから、ちょっとやってみようと思うんだけれど、どうかな？」

と伝えることもポイントです。

先にお金のかからないところから取り入れてみて、

「最近こういうことを始めて、実際、子どもが少し変わってきたと思う」

といったように**結果を報告しておくと、お金がかかる内容のときでも、相手は話を受け入れやすくなるはずです。**

お子さんの成長を応援し合う同志ですから、できるだけおとうさん対おかあさんのぶつかり合いにならないように、伝え方も工夫していきましょう。

子どもといっしょに親も勉強するのが理想的？

「子どもが勉強しているとき、親は横について勉強をみてあげなくてはいけないのでしょうか？」このように悩んでいる親御さんは大勢います。

横についているかどうかよりも子どもが勉強しやすい雰囲気をつくることを意識しましょう。

低学年のうちは大人が声をかけて勉強をみてあげることが多いものですが、高学年になってくると、マンツーマンで教える必要はありません。高学年にもなれば、子どもと同じ空間のなかで、互いに椅子に座り「いまは机に向かう時間」という雰囲気をつくり出しましょう。

たとえば、子どもの勉強時間に合わせて、大人も家計簿などのデスクワークを行ったり、資格試験など一緒に勉強を始めるのもよいですね。

「この時間は、座って勉強する時間」と認識して、勉強の習慣を身につけていけるとよいでしょう。

第4章

最高の生活習慣が身につく家庭環境のつくり方

勉強が苦手な子にみられる3つの共通点とは？

勉強が苦手な子は「挨拶・時間を守る・整理整頓」ができない

わたしはこれまで4000人以上の子どもたちを直接指導してきて、ある傾向があることがわかりました。それは、次の3つのうち、2つ以上が継続的にできてない子は、99％の確率で勉強が苦手ということでした。

1　挨拶
2　時間を守る
3　整理整頓

もちろん、これら3つすべてがまったくできないにも関わらず、勉強が得意という天才的な例外の子もいましたが、あくまでも特例にあたります。

「挨拶・時間を守る・整理整頓」は、勉強につながっている

挨拶・時間を守る・整理整頓の3つは、なぜ大切なのでしょうか？
それぞれの理由を確認していきましょう。

1 挨拶

挨拶は前向きさ、積極性をあらわしています。挨拶ができる子は、自分から行動に移すことができるので、勉強でわからないことを先生や親に質問できるはずです。その結果、勉強でつまずくことが少なくなります。

2 時間を守る

時間を守れることは、自己管理につながっています。

中学生以降になると、定期テストのために計画を立てて勉強することが必要になったり、提出物の遅れで評価が減点されてしまったりするため、時間を守ることは、そのまま勉強の成果につながっていきます。

3 整理整頓

身の回りの整理整頓ができる人は、情報の整理も得意です。

情報整理ができる子は、授業のノートをまとめるのも上手で、時間管理も得意な傾向があるので、勉強ができることにもつながります。

もちろん、挨拶・時間を守る・整理整頓の3つがすべて得意だからといって、かならず勉強ができる子になるとは限りません。ただ、この3つができないことによる勉強へのマイナス面は、非常に大きいと知っておきましょう。

3つの要素を整えて人間性を磨く

塾で子どもたちに勉強を教えながら、わたしは子どもたちに挨拶、時間を守る、整理整頓の重要性を伝えてきました。その結果、なんと百発百中で、どの子もあっという間に成績が上がっていったのです。

自分から挨拶をして、時間を守り、空間を整えることは、人としてのあり方にも直結しています。勉強の向上だけでなく、人として成長していくためにも、生活習慣の見直しはとても大切なことなのです。

ただ、繰り返しになりますが、親の希望を、子どもに押しつけてはいけません。

「勉強ができるようになってほしい。立派な人になってほしい」

と、強制しないようにしてください。

「どうして、そんなことしなくちゃいけないんだ！」

と子どもから反発されないように、

「挨拶をすると、こういう理由があって成績が上がるらしい」

「時間を守るのと整理整頓は、こうつながっているんだよ」

と成績と関連しているしくみを教えてあげましょう。注意点としては、このしくみを話した後に、

「だからちゃんとやろうね」

といわないことです。これをいうと、作用・反作用が働きます。子どもは親が思っている以上にしっかりしています。ですから、**理論、しくみを伝えるときはそれだけを伝えればよいでしょう。自分にメリットがあると思えば、子どもは勝手にやります。**

あくまでも、子どもが自分で納得し、主体的に取り組むことが重要なのです。

「空間」と「時間」から生活習慣を整える

「空間の扱い方」と「時間の扱い方」は似ている

生活習慣が整っているご家庭では、物理的な空間にも、時間の使い方にも一定の秩序があります。この秩序が、子どもの生活習慣をつくっていくのです。

空間を整理整頓できる人は時間の約束を守れますし、空間が雑然としている人は時間を守れないことが多いので、**「時間の秩序」＝「物理的な空間の秩序」と考えてもよいでしょう。**

もし、整理整頓や時間管理に苦手なことがある場合は、別の何かからアプローチしていくと変化を感じられるようになりますよ。

例

・**整理整頓ができない子の場合**
↓時間を守ることに注力していたら、物の整理整頓ができるようになる
・**時間を守ることが苦手な子の場合**
↓身の回りの整頓を意識するようになったら、時間に遅れなくなる

とりかかる「きっかけ」をつくってあげよう

空間と時間はつながっているので、整理整頓も時間を守ることも、両方苦手という子も一定数います。その場合は、日常全般の生活習慣をあれこれいっぺんに改善しようとするのではなく、きっかけづくりをしましょう。

何かひとつでもできることが増えると、子どもに自信がつきます。

そして、きっかけさえつかめれば、ほかのこともやりたくなり、空間の整理整頓や時間の管理ができるようになっていくのです。

ハードルを下げて取り組みやすくする

たとえば、ぐちゃぐちゃになった部屋をかたづけるとき、全体を一気にかたづけるのは大変なので、重い腰が上がらないはずです。ところが、「リビングのテーブルだけならやってもいい」というように**場所を絞ることで、かたづけのハードルを下げることができます。**

子どもに部屋をかたづけてほしいときは、場所を指定して、簡単な行動で終わるように伝えるのがポイントです。

たとえば「机の上にあるものを、全部おもちゃ箱に入れておいて」と伝えると、次のようにハードルが下がることになります。

・場所：机の上（狭い範囲にする）
・簡単な行動：全部おもちゃ箱に入れる（分類せず、ざっくりでOKにする）

時間や空間の秩序を守れるようになることで、生活習慣もしっかりしてきます。

ただし、生活習慣と勉強には深いつながりがありますが、決してイコールではありません。生活習慣を整えながら、勉強の習慣を身につけ、学力を伸ばしていきましょう。

生活習慣を整えるきっかけづくりの例

①時間を守るのが苦手な子の場合

「歯磨きだけは、かならずこの時間にしよう」
「学校だけは、遅刻しないようにしよう」
と、何かひとつに集中させる

②整理整頓が苦手な子の場合

「自分の好きなおもちゃが置いてあるところだけ、かたづけよう」
と、狭い範囲をきれいにキープするところから始める

子どもの習慣づくりをしくみ化するには？

声をかけることに疲れていませんか？

子どもの頃に何度も声をかけられたことは、記憶に残り、習慣化しやすくなります。

たとえばわたしの場合は、小さい頃から「外から帰ってきたら、手と口（を洗って）」といわれてきて、いまだに自宅に帰ると自分の親の言葉がよみがえります。

よい言葉がけならよいのですが、マイナスな投げかけの場合でも、記憶され、習慣化してしまうかもしれないので、親からの言葉がけはとても重要です。

教育、子育てにラクで簡単な方法はありませんが、もし、「何度も声をかけることに疲れた……子どもに自分で○○してほしい」とつらくなっているのであれば、やり方を変えてみましょう。

しくみで習慣化が身につくと、親の声かけもラクになる

習慣化したいとき、親がしくみをつくることが大切です。

「この子が、どうやったらやりたくなるかな？」

と考えてみましょう。

しくみ化の最たるものが、「幼稚園に登園するとシールを貼ってもらえる」というものです。シールは、子どもたちのモチベーションになるので、家でも真似してみてください。

家で導入するなら、たとえば「歯磨きを自分からできたら、早起きができたらシールを貼る」といったところからはじめるのもよいでしょう。

習慣化するには、３～４週間は続ける必要があります。

３～４週間継続できたら、やることが当たり前になり、やらないとモヤモヤする状態になってくることをご存じですか？　努力しないでもできるようになるので、親も子どももラクになっていきますよ。

「ポイント制」で勉強するしくみをつくる

ゲーム感覚で勉強するようにうながしていく

子どものゲームや動画の時間を減らす方法は68ページでも紹介していますが、ここではもっとソフトな「ルール」のつくり方を取り上げます。

ポイント設定の例

1ポイント…ゲームを1時間以内に終わらせる
3ポイント…プリント1枚を終わらせる
5ポイント…宿題すべてを◯時までに終わらせるとボーナスポイント

大切なことはゲームをやってもポイントが入るということです。ただし決められた上限時間内に終えられた場合にします。

また、プリントや宿題は本来やりたくないことなので、ポイントのレートが高くなります。肝心の宿題は、時間制限をつくり、それまでに終わったらボーナスポイントが入るようにすると、さらにやる気が出る子がいます。

これはゲームの発想を取り入れたものです。ゲームやスマホは一方で、中毒性があるため一回始めるとポイント程度のしくみではやめられないこともあります。

そのため、使用する前にルールをつくっておく必要があります。

チェックリスト自体を工夫する

子どもは、ラクなこと、おもしろいこと、楽しいことはやるのですが、面倒くさいことはやりません。そこで、たとえばチェックリストを貼り出してペンで丸をするのではなく、遊び心のあるハンコにしたらやりたがる子もいます。シールを貼るのが好きな子がいたら、全部チェックをして0Kだったら最後に1枚シールを貼って0Kというルールにします。チェックリストといっても、工夫が必要です。**大人が思い描くチェックリストは、子どもにとっては楽しくないから乗ってこない可能性があります。**

子どもが喜ぶご褒美を用意しよう

ポイントを貯めたときにもらえるご褒美も、子どもに合わせて用意してあげましょう。**ご褒美は、子どものほしがるようなものがおすすめですが、「子どもがほしい物（商品）」にすると、手に入った途端やる気が下がってしまうのでやめましょう。**

では何に交換するのがよいかといえば、「ゲーム時間15分延長」や「お小遣いに変わる」などがこれまでの事例では効果的でした。いずれにしてもゲーム感覚で楽しみながら、徐々に勉強する方向に誘導していきます。

このポイント制は勉強をしたくなる、家庭でのお手伝いをしたくなるなど、ポイントによる誘引によって子どもが行動を起こすしくみです。**はじめはポイントがほしいことで動きますが、やがて、学力がつく、ほめられるという内発的動機づけに変わることがこれまでの例でわかっています。**その結果、子どもの自己肯定感も上がります。

ポイント制の取り入れ方

【ポイントを貯めたご褒美の例】

ポイントが貯まったら、どれと交換したい？
1、10ポイントでゲーム時間15分延長
2、1ポイント＝1円と交換
3、文房具と交換
ゲーム15分延長がいいなー！

【ポイント表】

できたこと（日々やるべきこと）	ポイント
宿題	1
お手伝い	3

ボーナスポイント できたこと	ポイント
テストで100点	5
検定に合格	10

【がんばりグラフ】
（ポイントを折れ線グラフに記録する）

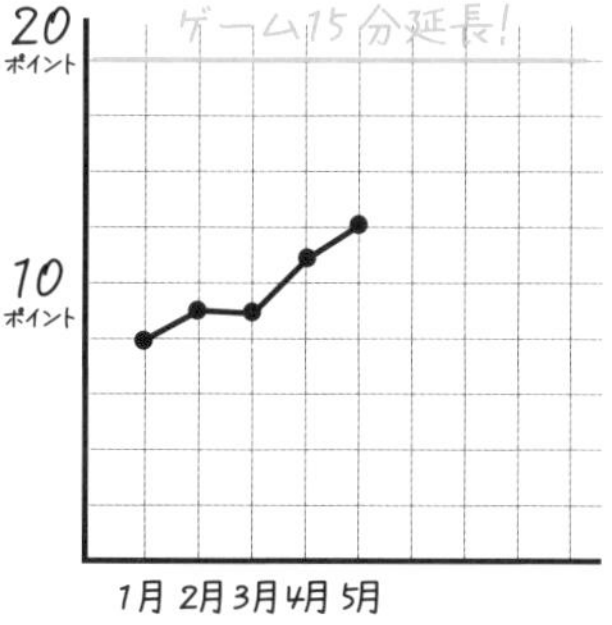
20 ポイント
ゲーム15分延長！
10 ポイント
1月 2月 3月 4月 5月

「ポイント制」がうまくいかないときは？

2つの条件を満たしているか確認する

前項で紹介したポイント制は、多くの子どもが喜んで取り組んでくれるしくみです。もし、うまくいかない場合は、２つの条件を満たしていたか確認しましょう。

①子どもが「やる」といってから始めること
②期間を決めてポイントを精算すること

子どもが「やる」といっていないのに、親が勝手に決めて始めては、押しつけになってしまいます。**親が最初のきっかけをつくったとしても、子どもが「やる」と自分で宣言してからスタートしましょう。**しぶしぶやっても続かないので、意味がありません。

また、期間を決めておかないと、

「いつまでやるんだろう」

と子どもが飽きてしまいます。

1週間ではカウントするのが大変ということなら、2週間か1か月程度で区切るとよいでしょう。

少なくとも3週間、できれば3か月続けられたら、勉強も習慣として身についているはずです。

ポイント制導入のNG例

- 終わりを決めずに、いつまでも取り組ませる
- 「いったん始めたのだからやりなさい」と押しつける
- 子どもの行動を監視して、できないと怒る

子どもと一緒にポイント制を楽しむ

ポイント表は、子どもが自分で自分を管理するためのもので、親の管理ツールではありません。

子どもが「興味ないや」といったら、強制しないようにしましょう。

ただ、子どもの気持ちはコロコロ変わりますから、少し日を置いたら、またやってみるかどうか切り出してみてください。

春休み中だけ、冬休み中だけの「期間限定ポイントゲットキャンペーン」と題してイベントにしてみるのもよいですね。

そのほか、**大人も一緒に「ポイント制」に挑戦するのもおすすめです。**

「今日はごはんをつくったから3ポイント！」

「○ポイントまで達したら、あの焼肉屋さんに行こう」

というように、遊び心をもって一緒に楽しんでください。

大人が楽しそうに取り組んでいる姿を見ていると、子どもも自分から「やりたい！」といってくるはずです。

ポイント制がうまくいかないNG例

【終わりを決めずに、いつまでも取り組ませる】

【「いったん始めたのだからやりなさい」と押しつける】

【子どもの行動を監視して、できないと怒る】

チェックリストを貼る位置も意識

どこにチェックリストを貼るのかも意識をしたいところです。

たとえば玄関に貼るというご家庭もありました。でも玄関にいるときは、早く家を出たいのでチェックする時間の余裕がないという問題があります。

近い将来には、チェックリストを全部やらないと鍵が開かないというしくみができていればおもしろいですよね。でも、現実では難しい話です。

持ち物のチェックリストの場合なら、ランドセルに貼っている子もいますよね。ランドセルを開いたらチェックリストが貼ってあって確認していく方法もあります。6ページで紹介したご家庭のようにランドセル置き場の上に貼るというのもひとつの方法です。

チェックリストはあくまでも子どもの視点に立ち、もっとも確認しやすく、すぐに取り組める場所がよいでしょう。

うまくいかないときは、ついイライラしてしまうかもしれませんが、

「じゃあ、どこなら見やすい？」「どこに貼っておけばやれそう？」と子どもといっしょに、ベストな位置を探してみてはいかがでしょうか。

おもしろいこと、楽しいこと、得することは、自主的にやってくれる

たくさんの項目をチェックするのは面倒なものです。

このチェックリストは、**子どもがよく忘れるものだけ、忘れるものプラスアルファぐらいの量を、チェックリストにしていきます**。もしくは本人がやらない場合、親が声をかけてチェックしていくのがよいでしょう。

子どもが小さいうちは、自主的にやるのは厳しいと思います。

ですから忘れ物がなくなるまでは、親が声かけをしていきながらチェックしていくというやり方がよいでしょう。

子どもの自主性に任せてはいけません。「おもしろいこと」「楽しいこと」「得すること」の３つでしか、子どもは自主性を発揮しないのです。

ですから、この３つをしかけとしていることを意識してください。

キッチンの収納から子どもに整理整頓を学んでもらう

キッチンほど整理整頓されている場はない

キッチンこそ整理整頓の力を活かせる場所です。

どのご家庭でも、おかあさんもしくはおとうさんが料理をするときの取り出しやすさや整理整頓のしやすさなどを考えた置き方にしているはずです。ですから、

「お皿を出してちょうだい」

「調味料をしまってくれる？」

という親子間の日常のやりとりを通じて、何をどのようにしまえばよいのか、子どものなかにモデルができあがります。**整理されたものを実際に使うことで、子どもは整理整頓の大切さや、しまい方などを学んでいくのです。**

子どものなかに整理整頓のモデルをつくる

・取り出しやすいところには、よく使うものを入れる
・取り出しにくいところには、あまり使わないものを入れる
・物は分類し、区分けしてしまう

「自分の物は、整理整頓しなさい！」と口だけで伝えるよりも、実際にやっているところを見せてあげたほうが、子どもたちのかたづけ力も磨かれるはずです。

自分で料理することで、好き嫌いもなくなる

キッチンでは、ものの出し入れだけでなく、料理のお手伝いもしてもらいましょう。

子どもは、自分が少しでも手伝ったものが食卓に出ていると、食べることに対する意欲がわき、積極的に受け入れるようになります。

たとえば、わたしの息子は、もともと魚があまり好きではありませんでしたが、釣りが好きになってからは、自分で釣った魚をさばいたりフライにしたりして、自然と食べられるようになりました。

たとえば野菜嫌いな子に、準備を手伝ってもらうには次のように声かけをしてみましょう。

・「レタスをサラダ用にちぎってくれない？」

・(家庭菜園をしている場合)「お庭の野菜に水をあげてくれる？」

このように、準備を手伝ってもらうことで、野菜嫌いの子もサラダを食べられるようになるかもしれません。子どもをどんどん巻き込んでいきましょう。

ただし、手伝うことを義務化してはいけません。

「ちょっとなら手伝ってもいいよ」と思わせて、関わってもらうことが大切です。

料理からは、プログラミング的思考を学べる

2020年から、小学校の「学習指導要領」が改訂されました。そのなかで、大き

な変更といわれているもののひとつに、プログラミング的思考があります。

プログラミング的思考とは、簡単にいうと「手順」のことです。

コンピュータのプログラミングは、「最初にこれ、次にこれ、その結果こうなる」という手順をコンピュータのコードでつくっています。

じつは、**このプログラミング的思考は、料理でも自然と使われており、**「最初にこの食材を用意して、切って、焼いて、味をつけて、完成」という**手順を学ぶことが、プログラミング的思考につながるのです。**

こう聞くと、親御さんのなかには、

「料理をして、プログラミング的思考の力を身につけてほしい」

と思ってしまう人もいるかもしれません。

でも、繰り返しになりますが、打算的な期待を押しつけてしまうことが子どもには逆効果になるので、まずは、子どもとの会話を楽しむ日常のコミュニケーションとして、料理のお手伝いをしてもらうのがよいでしょう。

子どもは、楽しいことにはすぐに関わってきます。ぜひ、その「楽しみ」に子どもを巻き込んでいきましょう。

「掃除の日」という楽しいイベントをつくろう

ふだん手が回らないところをきれいにする「掃除の日」

お寺では、「掃除＝心磨き」といわれています。

家でも毎日できたら理想的ですが、整理整頓だけで手一杯で、なかなか掃除まで手が回らないというのが実情ではないでしょうか。

また、親御さんが掃除をしていても、子どもが自分から手伝うことはあまりないと思います。ですから、あらかじめ「掃除の日」を決めて、子どもと一緒に取り組むのがおすすめです。

毎日が難しい場合は、１週間に一度、１か月に一度でもかまいませんので、定期的に行うようにしましょう。

神社でも年に2回、6月と12月に大掃除をしているところがあるので、家で「大掃除の日」をつくるのもよいかもしれませんね。

子どもは、掃除道具でやる気が上がる

「掃除の日」であっても、

「今日は掃除の日だから、ちゃんと掃除しなさい！」

と命令してしまうと、子どものモチベーションは一気に下がってしまいます。

子どものモチベーションを上げたいときは次の3つの点に気をつけましょう。

子どものやる気を上げる3つのポイント

①楽しい
②おもしろい
③子どもが得をする

「掃除機を使って、カーペットの上をきれいにしてくれる？（**掃除機が使える！**）」

「このスポンジでこすると汚れが消えるよ（**汚れが落ちておもしろい！**）」

「このふわふわのモップでテレビの埃が取れるか、試してくれる？（**どうなるか知りたい！**）」

こういうと、小さい子ほど「おもしろそうだな」と興味をもちます。子どもの「やるやる！」という反応を引き出して、掃除を手伝ってもらいましょう。

掃除をすると、自己肯定感が上がる

どこで何の掃除をするのか分担するときは、

「どこを掃除する？」

「子ども部屋の掃除と、玄関の掃除と、お風呂場の掃除があるけれど、どこがいい？」

と聞いて、子どもに決めてもらってください。

そうすることで、**決断力や責任感が養われていくのです**。

そして、掃除が終わったあとには、子どもにかならず感謝の意を伝えましょう。

「助かったよ。ありがとう」

と親からいわれると、子どもの自己肯定感はどんどん上がっていきます。

「掃除の日」を楽しいイベントにする

「掃除の日」を楽しいイベントにするために、掃除が終わったあとは、みんなで外食をするのもひとつの手です。

部屋をきれいにしたら外食するなどのルーティンをつくっておくと、子どものやる気が上がります。また、

「みんなでごはんを食べに出かけるから、○時までに掃除を終わらせよう」

と声をかけることで、時間も意識しながら行うようになります。

「掃除の日」をイベント化して、子どもと楽しく取り組んでいきましょう。

大人が、部屋の整理整頓を嫌々していませんか？

子どもは、親の姿をよく見ている

空間の整理整頓を習慣づけるときに大切なポイントは2つあります。

①かたづけやすい環境にすること
②親御さんが楽しんで整理整頓をすること

かたづけやすくするために、なんでも入れてよいキャスターつきのボックスを用意したり、勉強用・遊び用とざっくり分けたりする方法はおすすめです。ものの場所を細かく決めても、子どもは覚えられません。ラベリングを確認するのも面倒に感じてしまうでしょう。ですから、

「おもちゃは、全部ここに入れてね」

といえるくらい、簡単にしまえる環境をつくってあげてください。


また、子どもの前で親御さんがどんなふうにかたづけているかも重要です。子どもがかたづけないからといって、

「自分でかたづけなさい！　しょうがない子ね！」

などといいながら仕方なく大人がかたづけていませんか？

子どもは、親が嫌々やっている姿を見て、

「かたづけは嫌なものなんだ。だから、自分に押しつけているんだ」

と思ってしまうのです。その反対に、

「これ、おかあさん（おとうさん）がかたづけちゃうよ。もっとかたづけたいから、お部屋をちょっと散らかしておいてね」

といって、楽しくて仕方がないという姿を見せていると、子どもは、

「かたづけってそんなに楽しいものなのかな……？」

とまねをし始めます。

親が楽しそうにしていると、子どもも興味をもつ

整理収納の専門家の子どもは、「かたづけ大好き」か「かたづけ大嫌い」に分かれます。

わたしの知り合いに、整理収納アドバイザーのおかあさんがいますが、彼女はいつも楽しそうに部屋を整理する様子を動画で配信しています。彼女のお子さんもかたづけが大好きで、一緒に動画に出ていることもあります。一緒に楽しめているからこそ、かたづけが好きになったのでしょう。


親御さんがアスリートの場合も、子どもが同じ競技に取り組むかどうかは分かれます。この違いは、やることを親が強要したか、しなかったかの差です。

ですから、たとえ親が好きなことであっても、子どもには押しつけないようにしましょう。家でかたづけなくても、学校ではきれいにしているというケースも少なくありません。

「できるなら、家でもやってほしい！」と思うかもしれませんが、それをいうと強制になってしまいます。学校で整理整頓をしていればOKとしましょう。

子どもが親が好きなものに興味をもつ原理

・親の仕事が好きになるパターン
・「かたづけは楽しい」という親の姿を見ている子は、かたづけが好きになる
・子どもを尊重して、やりたいことを伸ばしてくれるアスリートの親を見ている子は、「自分もアスリートになりたい」と思う

・親の仕事が嫌いになるパターン
・「仕事が大変だ、しんどい」という悲壮感が漂う親の姿を見ている子は、「親と同じ仕事だけはしたくない」と思う

子どもがせっかく興味をもったものも、まわりから強制されると、その途端に嫌いになってしまいます。

かたづけや勉強など、子どもにしてほしいことほど、無理にやらせないように注意しましょう。

ベランダや庭は、大人が楽しいと思える方法で活用する

「子どものために」と無理をするのは禁物！

ベランダや庭のあるご家庭では、空間を活用してできることがたくさんあります。

ただ、声を大にしてお伝えしたいのは、**「大人が面倒に感じることは無理にやる必要はない」ということです**。ベランダや庭でできることはたくさんありますが、親御さん自身の興味があることを取り入れていきましょう。

「キャンプをすると偏差値が上がるらしい」「家庭菜園をすると、情操教育にいいらしい」という理由から無理をして行うと、「面倒だな」という雰囲気が子どもに伝わります。

そうすると、子どものやる気が下がるので、本末転倒です。

「子どものためだから」といって、大人が無理しすぎないように注意しましょう。

遊び心をもって子どもと一緒に遊ぶ

家庭菜園もベランダキャンプも、親御さん自身が好きなことであれば、自ら進んで取り組めるはずです。大人が楽しんでいる気持ちが伝わると、子どもも楽しくなります。**子どもが嫌がらなければ、親の好きなことに、どんどん子どもも巻き込んでいきましょう。**

たとえばキャンプなども、親が楽しむことで子どもたちも興味関心をもち、多くの学びを受け取ります。また、一緒に遊ぶことを通じて親子の信頼関係が築かれるので、子どもの気持ちも安定し、結果的に勉強面でもよい結果につながるはずです。

親がどんな気持ちで関わっているかは、それほど子どもに大きな影響を与えるものなのです。ですから、親御さん自身の遊び心も、大事にしてください。

また、もし子どもが興味をもたないことだったとしても、気にせず親が楽しんでください。親が楽しそうに遊んでいる姿を見ている子どもは、自然と自分の好きなことを存分に楽しめるようになるからです。

「好き」を深めていくことが、学びにもつながっていきます。

観葉植物を部屋に置く

自然のものは人の心を落ち着かせてくれる効果があるので、家のなかに植物を置くのもおすすめです。

植物を置くことで癒やされますし、家のなかの居心地がよくなることで、子どもたちも安心し、心身を休めてエネルギーをチャージできます。

また、植物は水をあげないと枯れてしまいますね。

「水をあげないといけない」

という気持ちが芽生えると、相手をいたわる心や思いやりの心を育むことにもつながります。

経営者は、気配りやコミュニケーションが行き届いている会社かどうか、社内の植物の様子で確認しているそうです。

身近なものに対して心を向けられるようになる習慣は、大人になってからも役立つので、ぜひ、子どもにも植物のお世話をお願いしてみてください。

ベランダや庭の活用例

【家庭菜園】

【水遊び】

ベランダや庭を活用するときは「子どもの教育のために！」と無理をすることは避けましょう。子どもは親がどんな気持ちで関わっているかを見ています。親が心から楽しい！と思えることを無理せず実践してください。

動物を飼うのもおすすめ

ペットを飼うことも、子どもの心の育成につながります。

もちろん、絶対に動物や昆虫を飼ったほうがよい、というわけではありません。

ただ、アニマルセラピーという考え方もあるように、犬や猫を飼っていると心が落ち着き、安定することもあるでしょう。

加えて、家庭内の雰囲気も明るくなり、共通の話題が生まれることで、自ずとコミュニケーションも増えていくはずです。

家に植物がある／動物がいることのメリット

【①観葉植物に水をあげる】

・見た目に癒しの効果がある
・水やりを通して、気配り、思いやりの心を育める

【②ペットのお世話をする】

・セラピー効果が期待できる
・家庭内の雰囲気が明るくなる
・共通の話題が生まれて、家族のコミュニケーションが活発になる
・お世話を通じて、思いやりやいたわりの心を育める

おわりに

本書を出版するにあたり、多くの保護者の方に協力をいただきました。具体的にどのような場で勉強しているか、生活習慣でどのようなレイアウトの工夫をしているかなど、様々な項目のアンケートに答えていただき、さらにその中の6名の方には間取りやレイアウトを具体的に見せていただきました。この場をお借りして感謝申し上げます。

私はこれまで35年以上、多くの家庭と関わってきました。家庭の数でいえば数万を超えます。その中で、「家庭内の環境設定」にある共通項があることがわかりました。通常は知ることが難しい他人の家庭内の状況を可視化することで、多くの方の参考になればと思い情報を公開することにしたのです。

子育て本、教育本がたくさんある中で、家庭の間取りについて触れた本を目にする機会は少ないのではないでしょうか。教育的観点から他人の家庭の間取り、レイアウトを見ることはほとんどないと思います。

本書は子どもの視点に沿った間取り、レイアウトに焦点を当て、さらに親子のコミュニケーションの視点も入れた内容で、めったに見ることができない世界を垣間見ることができたのではないでしょうか。

もちろん、本書で紹介したことをそのまま実践する必要はありません。取り入れてみたいと思うものだけを実践してみてください。ちょっとしたことがきっかけで、家庭内の雰囲気や子どもがガラリと変わる事例はたくさんあります。

「はじめに」でも触れましたが、私は「その子らしさが発揮できている状態」が大切だと考えています。そのためには、その子らしさが発揮できる環境をつくってしまえばいいわけです。そして、「らしさ」は全員異なります。本書で紹介された6つの家庭のお子さんも皆異なっています。

ですからそれぞれの子どもの個性にあったレイアウトや工夫がされています。勉強したくなる環境、生活習慣を整えたくなる環境もレイアウトひとつでつくることもできますが、あくまでもゴールは「その子らしさが発揮できる」こと。親子で楽しみながらつくってみてください。すると最高の「我が家」ができるのです。

石田勝紀

【著者紹介】
石田勝紀（いしだ・かつのり）

1968年横浜生まれ。（一社）教育デザインラボ代表理事。

都留文科大学国際教育学科元特任教授。20歳で起業し学習塾を創業。これまで4500人以上の生徒を直接指導する傍ら、講演会、セミナーなどを通じて5万人以上の子どもたちを指導してきた。34歳で、都内私立中高一貫校の常務理事に就任し、経営、教育改革を実践。

現在は「日本から勉強嫌いな子をひとり残らずなくしたい」という信念のもと、全国各地でママさん対象のカフェスタイル勉強会「Mama Café」を年間130回以上主催し、1万人以上のママさんが参加。『東洋経済オンライン』での人気教育連載コラムは、連載回数は230回を超え、累計1.3億PV超を記録している。

著書に『子どもの自己肯定感を高める10の魔法のことば』（集英社）、『小学生の勉強法』（新興出版社）、『中学生の勉強法Ver.2.0』（新興出版社）、『子どものやる気の引き出し方』（日本能率協会マネジメントセンター）など。

★石田勝紀公式サイト
http://www.ishida.online

★Voicyで毎日Mama Caféラジオ番組を音声配信中
https://voicy.jp/channel/1270

協力－Special Thanks
吉澤麻耶様　山本千枝様
杉浦典子様　林奈都美様
池本結美様　ほか、アンケートにご協力いただいた方々

参考文献
『はじめての子ども手帳』（ディスカヴァー・トゥエンティワン）
『子どもの自己肯定感を高める10の魔法のことば』（集英社）

Staff
カバーデザイン／谷元将泰（谷元デザイン事務所）
本文デザイン・DTP ／宮島和幸（KM-Factory）
イラスト／遠藤庸子（silas consulting）
編集協力／星野友絵・小齋希美・大越寛子（silas consulting）

乱丁・落丁などの不良品、内容に関するお問い合わせは、
小社ウェブサイトお問い合わせフォームまでお願いいたします。
ウェブサイト　https://www.nihonbungeisha.co.jp/

集中力《しゅうちゅうりょく》　やる気《き》　学力《がくりょく》がアップする
頭《あたま》のよい子《こ》が育《そだ》つ家《いえ》のしかけ

2024年6月20日 第1刷発行

著　者　石田《いしだ》 勝紀《かつのり》
発行者　竹村 響
印刷所　株式会社文化カラー印刷
製本所　鶴亀製本株式会社
発行所　株式会社 日本文芸社
〒100-0003　東京都千代田区一ツ橋1-1-1　パレスサイドビル8F

Printed in Japan 112240610-112240610　Ⓝ01（060013）
ISBN978-4-537-22217-3
URL https://www.nihonbungeisha.co.jp/

（編集担当　前川）